GENEALOGIE DE LA DAME DE PALLY.

mise en racourci pour éviter la confusion, & autant qu'elle est nécessaire à la Contestation d'entre Elle & le Sieur Loüis-Ignace Baron de Rahier.

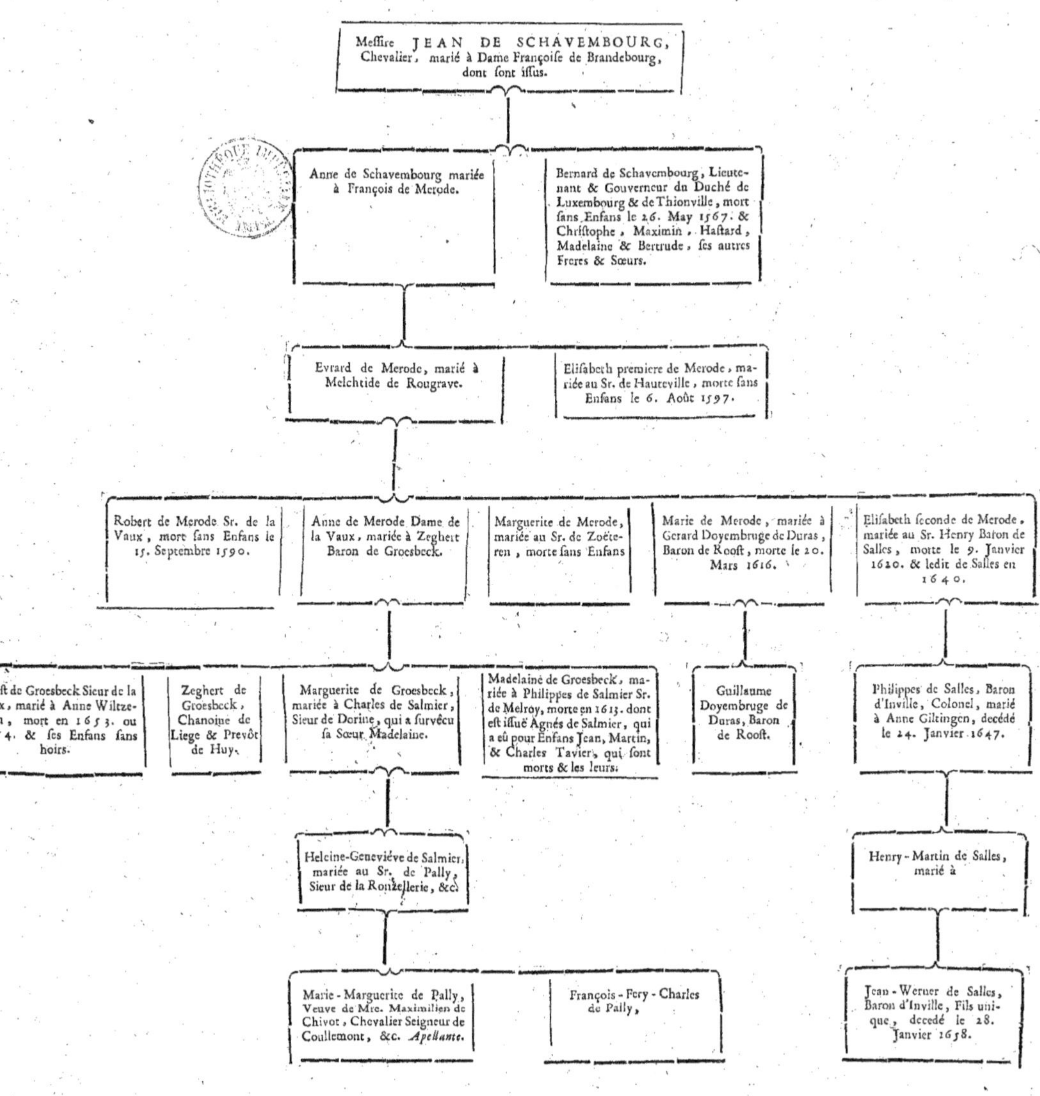

De l'Imprimerie de FRANÇOIS ANTOINE, Imprimeur du Roy.

FACTUM,

POUR la Dame MARIE-MARGUERITE DE PALLY, Veuve de Messire Maximilien de Chivot, vivant Chevalier Seigneur de Coullemont, Dorville, Fosse-à-Lepi, Haut-Courant, Bellerive & autres Lieux, Apellante d'une Sentence renduë au Bailliage de Thionville le 14. Mars 1730.

CONTRE,

Le Sieur Loüis-Ignace Baron de Rahier, Intimé.

 N Fief regi par la Coûtume de Luxembourg fait l'objet du Procès; l'Intimé sous prétexte de quelque joüiffance veut en être crû le Propriétaire incommutable; l'Apellante soûtient au contraire qu'il n'en eft que l'Engagifte, & fe prefente au dégagement comme la feule héritiere reftée de la Ligne dont le Bien procede; cette queftion purement de fait ne peut trouver fa decifion que dans l'examen du Titre de Poffeffion & la qualité des Parties.

Du Mariage de Meffire Jean de Schavembourg & de Françoife de Brandebourg fa femme, naquirent fept Enfans, fix n'eurent point, ou trés peu de generation; la feule Anne laiffa de fon alliance avec François de Merode, Evrard & Elifabeth de Merode.

De quelque part que ces derniers euffent recueilli la Terre de Preiche, que ce foit à titre de Succeffion ou autrement, il eft fans contredit qu'elle leur apartenoit de leur vivant chacun pour moitié.

Il n'eft pas moins pofitif qu'Evrard eut de Melchtide Rougrave fa Compagne cinq autres Enfans; fçavoir, Robert, Anne, Marguerite, Marie & Elifabeth feconde du nom.

Robert decéda fans pofterité, & des quatre Filles, Anne époufa Zeghert Baron de Groesbeck, dont eft defcenduë la Dame Apellante; Marguerite,

A

3,564

le Sieur de Zoëteren; Marie, Gerard de Duras Baron de Rooft, auquel l'Intimé raporte ſes droits, & Eliſabeth ſeconde, Henry de Salles.

Cela ſupoſé, c'eſt encore un autre fait dont on eſt d'accord, qu'Evrard de Merode, en mariant ſa fille au Sieur de Zoëteren lui conſtitua en dot ſa moitié dans la Terre de Preiche, & qu'Eliſabeth premiere fit don par Teſtament de la ſienne à Eliſabeth ſeconde ſa Niéce, Epouſe à Henry de Salles. Mais ce Teſtament ne fut point ouvert, que cette derniere en retrocéda le Benefice à prix d'argent à Marguerite ſa Sœur, femme au Sieur de Zoëteren, qui réünit par là le tout en ſa perſonne, & en a joüi de la ſorte juſqu'à ce que les Barons de Groesbeck & de Rooft ayans impugné la liberalité d'Eliſabeth premiere & ſoûtenu aux droits de leurs Enfans, héritiers d'Anne & Marie de Merode leurs mere, qu'elle n'avoit pû dans l'eſprit de l'ancienne Coûtume de Luxembourg diſpoſer d'un Bien noble en faveur d'une ſeule de ſes héritieres au préjudice des autres, il intervint Arrêt à la Cour de Malines le 15. Juillet 1645. qui leurs ajuge moitié dans la Succeſſion féodale de cette même Eliſabeth, ou ce qui va au même, un huitiéme chacun dans la totalité de la Terre de Preiche.

Tel eſt de l'aveu de la Partie adverſe même, le premier droit de la Maiſon de Groesbeck ſur cette Terre; voicy quels ſont ceux qui lui ſont accrûs dans la ſuite.

Perſonne ne conteſte que dans l'interval du Procés de Malines, Marguerite de Merode femme au Sieur de Zoëteren ne ſoit decedée ſans Enfans, & comme par ſon Contrat de Mariáge, Piéce premiere de la Production de l'Apellante, ſes Biens devoient retourner en ce cas à la Ligne dont ils étoient provenus, ce qui étoit de droit indépendamment de cette obſervation, & qu'elle n'avoit pû laiſſer d'ailleurs des Parens plus proches de cette Ligne, qu'Anne, Marie & Eliſabeth ſes trois Sœurs; point de doute que les deux premieres n'ayent dû être de nouveau ſaiſies à l'inſtant de ſa mort, de deux autres huitiémes chacune dans les ſix qui lui étoient reſté de la Terre de Preiche, leſquels joints à celui que leurs alloüe l'Arrêt de Malines, en faiſoient déja inconteſtablement trois pour elles, à la difference d'Eliſabeth, qui fut purement réduite aux deux qui lui revenoient dans cette derniere hérédité, au moyen de la Vente qu'elle & Henry de Salles ſon mari avoient fait à la Dame de Zoëteren d'une partie de l'inſtitution dont les avoit gracieuſé Eliſabeth premiere leur Tante.

Rien de plus net & de plus intelligible, que cette répartition dictée par la nature même; cependant on ne ſçait par quel travers l'Intimé oſe d'abord mettre en avant qu'à la mort de la Dame de Zoëteren toute ſa Succeſſion paſſa à la ſeule Eliſabeth, Epouſe d'Henry de Salles, & que dit-on d'abord pour prétexter cette imagination, deux choſes également frivoles & erronnées, la premiere, que lors de l'ouverture de cette Succeſſion il n'y reſtoit des quatre filles d'Evrard de Merode que cette Eliſabeth qui avoit dû conſequemment exclure les héritiers qui pouvoient exiſter alors en un degré plus éloigné; la ſeconde, que l'intelligence intime qui avoit toûjours régné entre les Maiſons de Zoëteren & de Salles ne permettoit point de douter que celle de Zoëteren n'eut encore fortifié les droits naturels de l'autré de quelque diſpoſition teſtamentaire.

Deux mots vont mettre ſous les yeux de la Cour tout le vuide de cette penfée, & en effet qu'Elifabeth ait furvécu feule Marguerite, ou que cela ne foit point arrivé; quoi de plus indifferent & de plus inutile à rechercher, s'il eft une fois conftaté qu'Anne & Marie avoient laiffés des enfans qui venoient par reprefentation avec leur Tante, aux termes de l'article 10. du titre des Succeffions *ab inteftat* de la Coûtume de Luxembourg: or c'eft ce qui fe juftifie d'une maniere fans réplique par les qualités de l'Arrêt de Malines, où l'on trouve qu'en même tems qu'Erneft de Groesbeck, l'aîné de ceux d'Anne de Merode, agiffoit tant pour lui que pour toute fa famille, la pofterité de Marie procédoit à mêmes fins fous l'autorité de Gerard de Duras fon Auteur.

L'on a prévû cet éclairciffement, & l'on a crû y répondre à tout éve-nement, en infinuant que quand la Coûtume nouvelle du Duché de Lu-xembourg inclineroit pour la reprefentation ; ce ne feroit point une raifon pour conclure que l'ancienne qui étoit encore en vigueur lors du décez de la Dame de Zoëteren eût été dans le même goût.

S'il y avoit quelque difference à faire entre l'une & l'autre, qui a empê-ché l'Intimé de l'établir tout de fuite par l'opofition des deux têxtes con-traires; & à qui étoit-ce à fe charger de ce foin qu'à celui qui en excipoit? il y a plus, & comment a-t'on pû même avanturer l'objection à la vûë de l'Arrêt précedemment cité? où l'on a dû remarquer que la queftion avoit été jugée *in terminis*, en ce que quoique rendu en 1645. & du régne par confequent de l'ancien Droit Coutumier, il n'avoit pas laiffé d'admettre concurremment à la Succeffion d'Elifabeth premiere, & les Enfans d'Anne de Merode, & Elifabeth feconde leur Tante avec qui, & du vivant de la-quelle les qualité du même Arrêt certifient que la conteftation avoit été commencée,

Voyons donc fi l'on aura mieux réüffi du côté de la prétenduë difpo-fition teftamentaire; premierement où eft cette difpofition? & fuffit-il qu'il ait plû à l'Intimé de la préfumer pour en être crû ; fecondement, de quel ufage eût-elle même été & l'Arrêt de Malines, en annullant, comme il a fait la donation partiale d'Elifabeth premiere? ne porteroit-il pas encore aujourd'hui la réprobation de celle que l'on attribuë fans fondement à la Dame de Zoëteren, quand il pourroit fe faire qu'on la fit paroître.

L'Intimé intimement pénetré de la folidité de ces réflexions, croît fu-pléer par la production qu'il fait de deux Actes antiques, dans lefquels il fe lit véritablement qu'Henry de Salles, Mari d'Elifabeth feconde, & Claude, & Philippe fes Enfans, firent entre eux certains ajuftemens les 29. Janvier 1624. & 15. Juin 1631. enfuite defquels on voit que Preiche fut abandonné à Philippe; preuve, dit-on, qu'il falloit que les Tranfigeans y euffent fuccedé de quelque maniere que ce fut, pour pouvoir en difpofer.

Pour fonder cette confequence, il femble que c'eût été regulierement un préalable de juftifier l'ouverture de cette Succeffion au tems, où l'on prétend la raporter par ces Actes ; car quoique l'on foit convenu que la Dame de Zoëteren étoit decedée avant la decifion de la Conteftation agitée à la Cour de Malines, ce n'eft point à dire que cela foit arrivé précifement en 1624. ny en 1631. y ayant encore une diftance de quatorze ans entre cette derniere année & celle où l'Arrêt eft intervenu, pendant une partie de laquelle il y a bien de l'aparence qu'elle & fon Mari ont pû vivre; quoi que quand il en feroit autrement, ce ne feroit point par un fait particulier à la Maifon de Salles, tel que celui-cy, qu'il faudroit juger des prérogatives qu'on voudroit lui attribuer fur des Co-héritiers que la Loi du fang apelloit comme elle à une héredité commune : Qui nous garantira même la foi de ces Actes privés, chargés depuis plus d'un fiécle de fignatures & de caracteres inconnus, en tout cas paffés dans le fein d'une Famille, qui pouvoit chercher dés-lors à fe faire des Titres à elle-même? s'il étoit permis d'admettre des preuves de cette nature, quel renverfement n'en arriveroit-il point dans l'ordre de la focieté civile; on dit que par la Coûtume de Luxembourg, Titre 6. article 4. il eft permis au Gentilhomme d'engager fon bien fous fa fignature & fon cachet; cela eft vrai, mais dans quel fens, à l'effet feulement continuë l'Article, qu'il ne faloit point divifer de le difpenfer des formalités qu'attache précedemment cette Coûtume aux ventes & aliénations ordinaires; ainfi point de difficulté que de ce Gentilhomme à fon Acquereur, il ne foit pour exemple befoin pour valider fa vente, ni de tranfport pardevant le Jufticier, ni de ce qu'elle apelle en terme fynonime, œuvre de Loi, & que fa fignature privée ne fuffife pour faifir ce même Acquereur d'une proprieté qu'il n'obtiendroit en tout autre cas que par la voye de ces folemnités; c'eft ce que veut dire le texte, & que cela foit à la bonheur; mais que ce feing privé foit tiré de fon efpece pour être propofé en Juftice contre un tiers comme un modele de croyance, fans autre certification ni jonction de pieces probantes, par lefquelles on puiffe au moins comparer des écritures de cent ans de dates, & que leurs prétendus Auteurs défavoüeroient peut-être, s'il étoit poffible qu'ils vécuffent; c'eft ce qui répugne, & ne s'accorderoit qu'avec circonfpection à une perfonne même revêtuë d'un caractere public, après un fi long interval.

D'ailleurs quelle contradiction, pour ne point dire quel galimatias ne fe rencontre point dans cette production, par la tranfaction du 29. Janvier 1624. c'eft toute la parentelle de Philippe de Salles raffemblée, qui le répartage de la Terre de Preiche pour fa portion filiale dans la fucceffion d'Elifabeth de Merode fa mere, l'en voilà donc à ce dire, en pleine poffeffion dès ce moment; cependant qu'on confulte l'accord de 1631. l'on y trouve tout au contraire que cette Terre n'étoit point fortie jufques là des mains d'Henry de Salles fon Pere, qui la lui donne feulement fix ans après, non plus comme fon contingent dans la fucceffion maternelle; mais en contr'échange de celle de Landaville; au quel de ces deux énoncés differens ajoûtera-t'on foi? ou plûtôt l'exhibition de l'un n'eft-elle pas réciproquement la réfutation de l'autre.

Mais il n'étoit pas précifement befoin de ces remarques, & par quel aveuglement s'eft-on porté à mettre au jour des Piéces, qui toutes méprifables qu'elles foient par leur forme, militeroient contre l'ufage même qu'on s'eft propofé d'en faire à fuppofer pour un moment leur fincerité; en effet l'on paffera fi l'on veut fous filence la Promeffe que font dans celle de 1624. les Freres de Philippe de Salles, de l'indemnifer en cas d'éviction de la part des Barons de Groesbeck & de Rooft, par raport au quart qu'ils pourfuivoient alors dans la Succeffion noble de l'ancienne Elifabeth née de Merode; premier aveu quoique tronqué, que l'on avoit néanmoins déja des Co-proprietaires fur la Terre de Preiche; mais que porte l'échange du 15. Juin

1631.

5

1631. que Henry de Salles ne cede ce Domaine à Philippe son Fils, qu'aux conditions de certains articles convenus entre les Parties au Château de Boüillon le 8. Decembre precedent qui seroient annexès.

Ces articles, contenoient specifiquement suivant l'idée qu'en donne la suite de cet Acte, les droits de chaque prétendant en particulier, sur la Terre échangée, & l'on voit même qu'il falloit si bien que ceux des Groesbeck & des Roost y fussent exactement compris, que Henry de Salles en stipulant finalement de sa part la garentie de ce qu'il abandonnoit à Philippes, envers & contre tous, les en excepte formellement, en disant que cette garentie seroit sans tirer à consequence, pour ce qui regarde l'endroit des articles dont on vient de parler, où il étoit fait mention de ce qui interessoit ces Seigneurs en partie, ce qui valoit autant que de reconnoître ouvertement qu'ils avoient qualité pour revendiquer, & qu'il ne prétendoit se charger ny près ny loin de cette recherche.

Cela supposé, on demande que sont devenus ces articles, car enfin s'ils bornoient de nouveau les Groesbeck & les Roost au quart rapellé dans la Transaction de 1624. quoiqu'il fut aisé de se défendre de cette limitation, par la seule raison qu'un fait étranger, & frauduleusement concerté contre un tiers, ne sçauroit lui nuire en aucun tems, manqueroit-on de les produire comme il est arrivé de cette Transaction, & la suppression volontaire que l'on en fait dans ces circonstances, n'indique-t'elle pas à vûë de pays, qu'il falloit qu'ils fussent portés à leur mesure legitime, & que Henry de Salles Pere qui avoit d'un côté un interet sensible de ne point se commettre, & qui pouvoit de l'autre favoriser les projets iniques de ses Enfans, avoit pris ce biais de s'assurer par un Acte secret tel qu'étoient ces articles, de tout ce qu'il ne vouloit point exposer à plein dans un Contrat d'échange, qu'on seroit peut-être un jour obligé de produire à la lumiere de la Justice; en un mot, il y a dans cet échange, rapel exprés des Maisons de Groesbeck & de Roost, on ne sçauroit même douter qu'elles n'ayent été avec celle de Salles, en parité de degré à la Dame de Zoëteren, & tout le tems qu'il ne paroîtra rien icy qui les excluë précisement de sa Succession ; ce démembrement d'une Piéce qui devoit régulierement faire un seul & même corps avec le Titre énonciatif, s'interpretant de nouveau en leur faveur, c'en est plus qu'il ne faut pour achever de convaincre que les Salles n'ayans dû avoir que leur portion comme les autres dans les Biens délaissés par la Dame de Zoëteren, l'on doit croire pieusement que ce qu'ils ont affecté de nommer par tout la Terre de Preiche, n'étoit qu'un vain Titre d'ostentation qu'ils donnoient gratuitement, comme il se pratique encore frequemment de nos jours, aux deux huitiémes aux quéls ils ont été perpetuellement bornés, quoyque la Dame Apellante n'ait prétendu entrer dans cette discussion que par exuberance, & qu'elle s'en tienne capitalement à l'insuffisance des deux Actes suspects qui ont engagé cette explication.

Mais continuë-t'on, nous avons quittance publique, qui justifie que ce furent Henry de Salles & les siens qui affranchirent Preiche en 1646. de cinquante-cinq mille frans barrois dont il étoit chargé envers la Dame d'Haraucourt : ce qu'ils n'eussent eû garde ajoûte-t'on de faire si le fond ne leur eût apartenu.

B

On a vû cette quittance, & l'on n'y rencontre nulle part le fens que l'on lui prête; non, que l'on n'y reconnoiffe que les Salles Pere & Fils n'en ayent veritablement éteint le montant à differentes reprifes, mais pourquoi, & en quelle qualité l'ont-ils fait, l'Acte le détermine, à l'occafion de certaine reftitution de fruits injuftement perçûs par Elifabeth premiere leur Tante fur des Biens étrangers, & ce qui tranche, comme les feuls héritiers mobiliers de cette femme; heredité qu'ils n'ont pû accepter fans s'obliger à en payer toutes les charges, qui n'ont rien pour cela de commun avec celle de la Dame de Zoëteren la derniere Propriétaire du Domaine de Preiche, dont la pofterité des Barons de Groesbeck prétende tenir jufques-là tous fes droits.

L'Intimé qui ne fçait fe rendre, infifte, & fait fa derniere reffource de ce que l'Arrêt de Malines intervenu contradictoirement avec la Maifon de Salles, n'ajuge à celles de Groesbeck & de Rooft qu'un huitiéme chacune à Preiche, d'où il infere à fon ordinaire, que la premiere des trois a dû refter maîtreffe de l'excedent.

Il femble que l'on fe complaife à s'abufer en toute chofe! quel étoit le cas de cet Arrêt, l'on l'a déja dit? Elifabeth premiere qui joüiffoit originairement de cette Terre conjointement avec Evrard fon Pere, avoit donné à Elifabeth feconde fa Niéce Epoufe de Henry de Salles, la moitié qui lui en revenoit; celui-cy l'avoit vendu depuis aux Sieur & Dame de Zoëteren poffeffeurs de la contre-partie à titre de dot; ces Acquereurs inquietés par les Barons de Groesbeck & de Rooft au fujet de cette vente, apellerent leurs Vendeurs en garentie; ces Vendeurs chargés par ce recours du faix & de l'évenement de la Conteftation, s'opiniâtrerent à foûtenir jufques au bout, & de Pere en Fils la validité de la donation d'Elifabeth premiere, laquelle enfin annullée par l'Arrêt de Malines purement & fimplement, & fans qu'il y ait jamais eû d'autres difficultés entre les Parties; n'eft-il pas du dernier ridicule de porter l'effet de cette annullation au-delà de fa caufe, c'eft-à-dire de vouloir qu'en viciant la donation d'Elifabeth premiere dont il étoit uniquement queftion; elle ait en même tems decidé du fort des Biens de la Dame de Zoëteren dont il ne s'agiffoit pas.

Tout ce que l'on pourroit joindre à ce fimple récit feroit de trop, & ne feroit qu'en énetver la force naturelle; concluons donc que la Succeffion de cette derniere, étant demeurée dans les termes ordinaires malgré la Conteftation de Malines, & rien ne prouvant qu'il y ait eû ny renonciation du chef des Groesbeck & des Rooft, ny difpofition dérogeante à la loi qui les y admettoit concurremment avec les Salles; la divifion qu'en a fait la Dame Apellante entre les trois Maifons furvivantes, eft également jufte & fans réplique.

Cependant on ne diffimulera point qu'il n'y ait quelque aparence que Philippe de Salles, qui avoit repris l'Inftance de Malines à la mort de Henry fon Pere, ne fe foit emparé depuis l'Arrêt rendu en 1645. de toute la Terre de Preiche qui en faifoit partie, & ne s'y foit maintenu le refte de fes jours par le droit du plus fort, & cela, foit en haine d'une conteftation de quarante ans, foit comme il n'eft pas moins probable qu'il abufat de l'abfence de fes Co-héritiers, qui avoient fixé dés long-tems leurs demeure, les uns dans le fond de l'Artois, les autres dans des Provinces encore plus éloi-

ghées; quoiqu'il en foit, on fera voir en fon lieu que cette ufurpation n'eut
pû lui donner de prife fur aucun d'eux, & par fa brieveté, & au préjudice des reconnoiffances geminées que fes Freres & lui avoient fait par la
Tranfaction & le Contrat d'échange, dont on a eû l'occafion de parler
précedemment, des 29. Janvier 1624. & 15. Juin 1631. étant de principe, &
l'Intimé le pofant lui-même en plus d'un endroit de fes Ecritures, qu'encore qu'une Piéce produite ne puiffe faire foi par elle-même, cela n'em-
pêche point que la Partie à qui l'on l'oppofe ne foit en droit d'en argumenter contre le produifant.

Enfin Philippe decedé & toute fa generation de l'aveu des Parties, dès
l'année 1658. l'on a lieu de croire que le Sieur Baron de Rouvroi Créancier
de ceux de Groesbeck, qui avoit pris récemment contre eux en 1655. une
Sentence d'immiffion, fe préfenta pour ufer du benefice de cette Sentence,
que la Dame Apellante a mife au Procés.

On doit dire icy que l'effet de ces fortes de condamnations eft dans
l'ufage du Pays de Luxembourg, d'en authorifer le Porteur faute de payement, à prendre poffeffion des Biens de fon débiteur, pour en joüir
jufqu'à l'extinction de la fomme; enforte qu'il ne faut regarder ces
poffeffions, que comme de vrais engagemens, qui ne peuvent par aucun
laps de tems que ce puiffe être, acquerir au Poffeffeur aucun droit de
proprieté fur le fond.

Mais fi les Groesbeck avoient contracté des dettes pour foûtenir l'éclat
de leur naiffance, s'ils avoient contre eux des titres de cette efpece, les Salles
& peut-être les Rooft étoient dans le même cas; & comme il n'étoit gueres
poffible que tant de Créanciers conciliaffent des interêts inégaux, & puffent
poffeder de concert une même chofe apartenante à differentes perfonnes;
l'on feroit en état de pofer en fait, fi cela étoit de quelque decifion, que
dans ce conflit, tous les Biens du Luxembourg apartenans par indivis aux
débiteurs, furent en confequence d'une direction convenuë mis en baux judi-
ciaires, qui de trois ans à autres fe prorogerent jufqu'en 1667.

Dans ce nouvel interval les Chefs de Famille malheureufement dece-
dez, l'on conçoit aifement que leurs defcendans tous gens d'épée, ordinairement peu verfés dans ces fortes de connoiffances, ceux cy reftés
en minorité, ceux-là indifpenfablement attachés à leurs fonctions mili-
taires, purent perdre infenfiblement jufqu'au fouvenir d'un Bien, dont tant
d'incidens enchaînez les uns aux autres, n'avoient pas même permis qu'ils
puffent voir joüir leurs Peres.

Ce fut encore dans ces circonftances critiques que le nommé Jean
Ofbourg & Anne Mathelin fa femme créanciers particuliers des Barons de
Salles de 4000. Patacons, & qui n'avoient, on ne fçait par quel motif fait
aucun mouvement jufques-là, voyant aparemment la direction de ceux
qui les avoient devancé prête à revoir fa confommation, faifirent ce moment de réveiller une autre Sentence d'immiffion, que l'Apellante a pareillement jointe à fon Sac, obtenuë par leurs Auteurs depuis 1629. & fans
s'embaraffer beaucoup fi Preiche apartenoit entierement à leurs débiteurs
ou non, après avoir fait rafraichir leur titre vers le milieu de 1667. s'atta-
cherent à ce morceau, comme à celui fur lequel ils fe croyoient le plus à
portée de récuperer leur dû.

Dans l'oubli où étoit cette Terre, en proye depuis vingt ans, ou à des uſurpateurs ou à des créanciers, perſonne ne s'aviſa de le croiſer, & lui ou les ſiens l'occuperoient peut-être encore, ſi Gilles-Ferdinand Baron de Rahier, Oncle de l'Intimé, l'homme de ſon ſiécle le plus aĉtif & le plus ardent, maître de quantité de beaux Biens qui avoiſinnoient celuy de Preiche, & jettant un œil jaloux ſur la poſſeſſion d'Oſbourg & de la Mathelin, n'eût enfin conçû en 1685. le deſſein de le tirer de leurs mains pour en aggrandir ſon Domaine.

Des Propriétaires abſens & alors en quelque ſorte inconnus, un ſimple Créancier poſſeſſeur, & qu'il étoit aiſé en tout cas d'intimider ou de gagner, tout ſembloit conſpirer à ce coup de main, il n'étoit donc queſtion que d'y chercher un prétexte aparent, & la cupidité de Gilles Ferdinand ne tarda pas à lui faire recouvrer entre autres lumieres une expedition de l'Arrêt de Malines.

Muni de cette Piéce il y remarque pour ſurcroit, que Marie de Merode avoit épouſé un Gerard de Duras Baron de Rooſt, dont le nom de famille conſonnoit parfaitement à celuy de la Dame ſa Femme, quoique ſi elle fut jamais de cette Maiſon, il ſera facile de convaincre la Cour lorſqu'on en ſera là, que ce ne pouvoit être, que par une Branche toute différente de celle alliée aux Merodes.

Cette nouvelle rencontre étoit trop heureuſe pour la négliger, & ſur cet allignement il aſſigne bien vîte Jean Oſbourg en déſiſtement du huitiéme ajugé par cet Arrêt aux Barons de Rooſt, dont il ne manque pas de ſe propoſer déſormais pour l'héritier unique aux droits de la Dame ſon Epouſe.

On ſent qu'un peu de réſiſtance l'eut promptement démaſqué, mais il n'avoit encore une fois qu'un Créancier en but qui pouvoit trouver ſon compte à ſeconder ſes vûës; à regarder même ſainement cette démarche, elle étoit moins une pourſuite effeĉtive qu'un préparatif à la compoſition, où l'on vouloit l'amener.

La ſuite répondit à cette penſée, Oſbourg à peine aſſigné, tranſige le 9. Juillet 1685. & comment, c'eſt ce que la Cour eſt ſupliée de peſer, comme l'endroit le plus important de la Conteſtation.

Pour cela, qu'elle ait la bonté de réflechir, que ſi l'aĉtion de Gilles Ferdinand avoit eû la moindre vrai-ſemblance, & qu'il y eut quelque réalité dans les qualités qu'il y avoit fait prendre à Anne Marie de Duras, c'étoit le véritable moment de s'en prévaloir, l'on n'a même jamais douté qu'une Tranſaĉtion ne ſoit une eſpece de jugement domeſtique, qui doit toûjours à l'inſtar de ceux qui ſe rendent judiciairement, ſe raporter à la demande libellée qui a pû la précéder, ſans quoi ce n'eſt plus ſur cette demande qu'on tranſige, c'eſt un nouveau genre d'affaire accordée entre deux Parties, qui s'entrecedent une choſe pour une autre, cela n'a beſoin pour s'apuyer, que de la ſimple propoſition; cependant, & c'eſt ce qui paroîtroit incroyable ſi l'Apellante n'avoit elle-même produit cette Tranſaĉtion publique en bonne forme; Il n'eſt pas même queſtion en celle-cy, ny de la Dame de Duras, ny de la prétention qui faiſoit l'objet de ſon aſſignation; en un mot ce n'eſt plus cette femme, ce n'eſt plus une héritiere prétenduë de la Maiſon de Merodes qui agit en vertu de l'Arrêt de Malines, c'eſt Gilles Ferdinand

ſeul

feul qui parle, qui négocie perfonnellement avec Ofbourg & fa femme; enfin qui fe fait paffer un tranfport de leurs droits, non plus fur un hui-tiéme; mais fur la totalité de la Terre de Preiche, & fous la rétribution de toute la fomme qui leurs étoit originairement dûë, y a-t'il même en cela l'ombre d'un retrait, & depuis quand, un Propriétaire qui affranchit un héritage s'avife-t'il de prendre ceffion d'une fomme qu'il acquitte pour lui - même?

On répond que ce Domaine étant un ancien Patrimoine de la femme de Gilles Ferdinand reverfible à ceux de fa Ligne en cas de mort fans dif-pofition contraire, ce fut pour fe précautioner contre l'incertitude de cet évenement, & fe mettre en état de récuperer contre fes Succeffeurs ce qu'il débourceroit à Ofbourg qu'il fit ftipuler ce Tranfport des droits de ce dernier.

Rien de moins fpecieux que ce mauvais détours; premierement de quel droit Gilles Ferdinand eut-il entrepris de s'aproprier par là toute une fomme de deniers tiré de fa Communauté, & dont il n'eut pû fuivant l'article 3. du titre 8. de la Coûtume de Luxembourg fe faire indemnifer que de moi-tié, fupofé que cette indemnité n'eut point été remplie par la joüiffance qu'il a confervé de cette Terre depuis 1685. jufqu'en 1699. qu'il eft mort.

Secondement, s'il retiroit au nom de fa femme, quoi de plus aifé que de concilier fes interêts avec cette énonciation, pourquoi ne point le dire, pourquoi fupprimer jufqu'à l'Affignation rifquée d'abord fous le nom de cette femme, il faut avoüer qu'il y a dans tout cela bien du myftere, & quel peut être ce myftere, fi ce n'eft que ~~Gilles Ferdinand~~ reconnoiffant lui-même la fauffeté du prétexte dont il s'étoit fervi pour amener les chofes jufques-là il avoit eû pudeur d'en laiffer un monument publique, & n'avoit pas fait de façon de dépoüiller un caractere emprunté, fi-tôt qu'il avoit vû que fa proye ne pouvoit plus lui échaper.

Gilles Ferdinand n'en demeura pas à cette contradiction, le titre de Jean Ofbourg & Anne Mathelin fa Femme, étoit comme la Cour l'a en-tendu, une ancienne Sentence d'immiffion émanée du Confeil de Luxem-bourg; cette Sentence que la Dame Apellante a jointe à la Production nou-velle qui accompagne fes griefs, ne portoit pas une permiffion indéfinie à leurs Autheurs de joüir des Biens qu'ils trouveroient libres, mais feulement jufqu'à rata de leur dû; termes effentiels & d'autant plus remarquables, que dans la Jurifprudence Coûtumiere de cette Province ils emportoient de droit une imputation de fruits, que les Acquereurs euffent pû s'aproprier fans cette claufe.

Rien n'étoit donc plus naturel, que de commencer par exiger ce compte, pour peu qu'on fut dans la bonne foi, il étoit même affez intereffant pour cela, puifque c'étoit bien le moins que la joüiffance de dix-neuf à vingt ans d'une Terre auffi confiderable que celle de Preiche eut pû produire, que d'avoir éteint le capital, mais cette recherche toute legitime qu'elle fut, eut pû foulever la bile d'un Créancier qu'il importoit de ménager, il falloit donc lui prefenter un appas, & dans cette vûë non content de ce premier relâchement exceffif, on lui compte encore bien vîte fes 4000. Patacons.

L'Apellante qui a pouffé par fes dernieres Ecritures le raifonnement où il peut aller fur ce point, finira d'autant plus volontiers fur ces obfer-

C

vations decifives, qu'il en réfulte plus qu'il ne faut pour conclure, que de quelque fens qu'on veuille envifager Gilles Ferdinand dans ces circonftances, il ne paffera jamais jufques là, que pour l'Acquereur particulier d'un Titre precaire, qui n'a pû lui conferer plus de privilege que n'en avoit fon cedant; l'abandon qu'il a fait de fon action originaire par le Tranfport dont s'agit, les termes même de ce Tranfport, tout y eft formel, & ce que l'on ne peut fe difpenfer d'ajoûter en cet endroit, c'eft que lui-même n'en eft jamais difconvenu de fon vivant, qu'il y a de plus Arrêt qui l'a déterminé de la forte.

Pour en convaincre la Cour, elle permettra encore à l'Apellante, fous fon bon plaifir, le récit fuccint de l'affaire qui donna lieu à cet aveu.

Un certain Schoûman ayant du tems d'Ofbourg & d'Anne Mathelin fa femme commis quelques dégradations dans les Bois de Preiche, Gilles Ferdinand de Rahier nouvellement intrûs, fi l'on peut égaler ce terme à la matiere, le fit affigner en 1688. en réparation; ce Particulier aprés avoir fuccombé dans une premiere Juftice-Champêtre à la devotion de fa Partie, porta fon apel au Confeil de Luxembourg, & lui foûtint que n'étant qu'un Seigneur Engagifte, non plus que fon Prédeceffeur, il ne pouvoit faire remonter fes recherches au-delà de fon régne; Gilles Ferdinand paffa le principe pour la plus forte partie, mais il excipa précifément par fes réponfes à griefs du 10. May même année 1688. & c'eft ce que la Cour eft très humblement fuppliée de prendre, de ce qu'il joignoit à fa qualité de Ceffionnaire, celle de Propriétaire pour le huitiéme ajugé, difoit-il, à la Dame fon Epoufe par l'Arrêt de Malines de 1645. qui lui donnoit action, pour demander au moins proportionnellement l'indemnité des abus qui avoient pû tendre à la déterioration du fond, nonobftant quoy Sentence du 10. Juillet 1688. confirmée par la Cour même le 21. Janvier 1689. qui s'allignant fur le tranfport fait par Ofbourg en 1685. & qui ne fait mention ny de cet Arrêt, ny de la Dame Anne-Marie de Duras, mit les Parties hors de Cour & de Procés, préjugeant par là fans diftinction du huitiéme prétendu, pour l'engagement general.

Toute cette Procédure compofe la cinquiéme Liaffe de la Dame Apellante, & l'Intimé qui en a fenti tout le poids, a eû grande attention de couler legerement à côté, comme il a fait par deffus tout le refte, pour s'accrocher à des objets étrangers, qui lui donnaffent matiere d'écarter le véritable point de la queftion.

On ne l'imitera point, & pour le raprocher au contraire de plus en plus, après avoir expofé comment, & à quel titre la Terre de Preiche eft parvenuë de main à autre à Gilles Ferdinand de Rahier; il refte à examiner pour l'ordre du fait, ceux à l'aide defquels elle peut avoir été tranfmife à l'Intimé fon Neveu.

Le premier qui fe trouve, eft une maniere de donation entre vifs, avec fimple rétention d'ufufruit, par laquelle Gilles Ferdinand & Anne-Marie de Duras, manquans d'Enfans, firent en l'année 1689. ceux du Sieur Baron de Rahier de Villers-aux-Tours, frere à Gilles Ferdinand, leurs donataires univerfels.

Du nombre de ces Enfans étoit l'Intimé, mais c'eft un autre point de la Coûtume de Luxembourg, que cette difpofition étant prefque toute de biens féodaux, avoit befoin pour fe foûtenir, au moins par raport à Anne-Marie de Duras, d'être revêtuë d'un tranfport fait aux termes de l'article 1. du titre 5. & de l'article 2. du titre 6. pardevant la Juftice du Lieu, autrement les Seigneurs ou Officiers de la Cour dont ces Biens étoient mouvans.

Cette formalité & quelques autres rigoureufement prefcrites n'avoient point été obfervées, car vainement a-t'on gliffé depuis peu dans le Sac de l'Intimé un Extrait de cette donation, où l'on voit au bas une efpece de réalifation dattée de 1714. premierement cette nouveauté eft trés fufpecte par celle de l'encre & des caracteres tout récens qui la compofent, & puis fans vouloir aprofondir icy fi une fimple réalifation faite à Preiche eut fuffi; fi celle-cy avoit été faite à tems, ou fi elle étoit furannée, toutes queftions qui euffent été préliminaires en tout autre cas, à quoi bon avoir fait réalifer feulement en 1714. un Acte paffé en 1689. & ce qu'il y a de plus fingulier, fupprimé du confentement des Parties intereffées dès l'année 1700.

En effet, (& c'eft où l'Apellante vouloit en venir, lorfqu'elle a crû devoir interrompre le fil de fa narration par cette digreffion;) il eft certain que Gilles Ferdinand étant decedé au commencement de cette même année 1700. Anne-Marie de Duras fa Veuve, qui ne s'étoit vrai-femblablement portée à gratifier une Famille étrangere de fes Biens, que par la force de l'impreffion maritale, ne fe vit pas en liberté, qu'elle mit en œuvre tout ce que la Coûtume lui offroit de nullités pour faire tomber fa donation; le Sieur de Villers-aux-Tours Pere de l'Intimé prévit qu'il ne pourroit parer le coup, & tout ce qu'il put faire pour le rendre moins accablant, fut d'amener doucement Anne-Marie de Duras à une Tranfaction, par le moyen de laquelle en fe relâchant d'une partie, on pût au moins gagner le refte.

Cela fe fit le 20. Septembre 1700. l'on reproche à la Dame Apellante qui a eû le bonheur de recouvrer une expedition de cette Piéce, pour la joindre à fa Production nouvelle, que cette expedition n'eft point legalifée.

Fut-elle de la figure la plus informe, fieroit-il à l'Intimé de méconnoître pour cela l'ouvrage de feu fon Pere, pour ne point dire le fien propre, mais y penfe-t'il bien d'objecter ce défaut de legalifation, il n'a point aparemment fait attention que cette Tranfaction étoit en forme judiciaire, & qu'en ce cas pour rendre une expedition probante, il fuffifoit régulierement qu'elle fut munie du feing de l'Officier commis à la délivrance des decifions du Tribunal, où cette même Tranfaction a pû paffer en force de chofe jugée; telles étant les prérogatives des Actes de cette nature, lorfqu'ils font une fois dans leur forme ordinaire, de n'avoir befoin pour faire foi, que de leur propre certification.

Quoiqu'on en foit plus loin encore, puifque l'on a l'avantage que celui cy a déja paru fous les yeux de la Cour, dans une Conteftation où il étoit purement queftion de fon exécution, & où l'Intimé défendoit lui-même, en voicy l'efpece en deux mots.

Entre les Biens que fe fit remettre Anne-Marie de Duras par la Tranfaction dont s'agit, étoit une parcelle dans la Terre de Fontoi, que Gilles Ferdinand de Rahier fon Mari avoit furpris comme celle de Preiche, d'un autre Créancier engagifte de la Maifon de Merodes; depuis cette remife

Anne-Marie de Duras avoit vendu à Charles du Four, qui voulant joüir de son Acquisition, se trouva croisé par le nommé Probst, sous prétexte d'un bail que n'avoit pas laissé de lui passer l'Intimé nonobstant tout cela, de quelques héritages qui en faisoient partie; Probst assigné en cessation de trouble, recourut à son tour en indemnité contre son Laisseur, & l'on sent qu'en cet état la difficulté ne pouvoit consister, qu'à sçavoir si la donation de 1 6 8 9. qui portoit toutes les possessions d'Anne-Marie de Duras dans la Maison de Rahier, & dont l'Intimé continuoit de se prévaloir, n'avoit pas été entierement anéantie par la Transaction de 1700. & si cette Transaction en consequence de laquelle cette même Anne-Marie de Duras avoit vendu, pouvoit souffrir désormais quelque contredit; inutilement l'Intimé essaya-t'il d'abord de se roidir sur l'une & l'autre de ces propositions, mieux conseillé dans la suite, & prêt à dédommager Probst, il y fut condamné de son consentement, & aux dépens envers toutes les Parties, par Arrêt de la Cour du 17. Avril 1725. rendu comme on vient de le dire sur l'exhibition de l'expedition que l'on entreprend aujourd'hui de controller; que l'on l'examine en effet, on l'a trouvera encore paraphée en differens endroits de la main de Me. Oudinot. qui étoit le Procureur de l'une des Parties, & pour ne rien laisser à desirer sur ce Chapitre, l'on y a encore attaché l'Arrêt cité, & la Sentence du Bailliage de Thionville qui l'avoit precedé; mais c'est trop honorer ce mauvais incident, voyons quel peut être le contenu de la Piéce.

Les termes & l'esprit n'en sont ny obscurs ny équivoques, & l'on y voit à découvert, que nonobstant le dépoüillement où s'étoit inconsiderement livrée Anne-Marie de Duras à l'instigation de son Mari, elle y reprend la proprieté absoluë, non seulement des Meubles, Joyaux & Tapisseries servans à la décoration de sa Maison, mais encore celle de tous les Biens & Actions en general qui pouvoient lui être provenus de Famille, hormis, ajoûte-t'elle, après en avoir fait une énumeration à sa guise, sa prétention dans la huitiéme part de Preiche, qu'elle abandonne à la Famille de Rahier, sous la condition néanmoins, que par forme d'indemnité de ce huitiéme, elle garderoit pendant deux ans l'usufruit de la Terre entiere.

De là, il résulte deux choses.

La premiere, qu'on avoit raison d'annoncer presentement, qu'il ne devoit plus être question au Procés de la donation de 1689. quoique l'Intimé eut eû la mauvaise foy de vouloir en faire encore son Titre avant cette Production, puis qu'indépendamment des nullités substantielles cy-devant indiquées, par lesquelles elle fut toûjours infailliblement tombée; cet accord posterieur, entierement dérogeant, & précisement confirmé par l'Arrêt de du Four qui vient d'être cotté, ne permet pas même qu'on en entretienne la Cour plus long-tems.

La seconde consiste à dire, que quand on pourroit contre toute attente négliger les observations decisives que l'on a précedemment fait sur la nature & les suites du Transport de 1685. & qu'il ne resteroit pas de doute, qu'Anne-Marie de Duras ne descendit d'Evrard de Merodes, encore faudroit-il convenir qu'en se faisant ainsi, rétablir generalement tout ce qui lui eût été propre & de Ligne, n'ayant excepté de ce tout, qu'un huitiéme à Preiche, elle-même eut necessairement reconnu par là,

qu'elle

qu'elle n'avoit jamais prétendu en emporter d'avantage de ce chef, cela se
sent, & le raisonnement se plait à tarir, ou la consequence s'offre d'elle-
même.

Il y a plus, & pour faire voir qu'Anne-Marie de Duras a véritablement toûjours regardé dans cette hypotese, l'excédent de la Terre de Preiche comme un effet de sa Communauté; que l'on passe un peu plus bas,
l'on remarquera qu'en renonçant par une clause particuliere aux Biens de
Fure, de Corbion, & à tous autres Acquêts de Gilles Ferdinand de Rahier,
Baron d'Izier son Mari, ce sont ses propres expressions, elle déclare immédiatement après, & dans le même contexte, que cette renonciation sera à
la charge du Bail de quatorze années qu'elle avoit passé à Charles du Four;
Bail qui ne pouvant se raporter dans ces circonstances, qu'à ce qui précede
immédiatement, on veut dire à Fure, à Corbion, ou aux autres Acquêts;
si l'on fait voir que Charles du Four n'a jamais été son Amodiateur ny de
Fure, ny de Corbion, mais uniquement de Preiche; ce sera une derniere
preuve exuberante qu'elle a compris déterminement cette Terre au nombre de
ces autres Acquêts, au moins pour sept huitiémes; ors cette preuve se tire de
la Production nouvelle même qu'a fait l'Intimé du premier Bail qu'en passa Gilles
Ferdinand de Rahier Baron d'Izier à ce du Four, le 9 Novembre 1685. & si
l'on objecte que ce Bail étoit expiré lorsqu'Anne-Marie de Duras transigeat, on
lui déclare, que pour peu qu'il veüille réduire la Contestation à ce point, l'on
pose dès-à-present le fait, que ce Particulier n'a quitté Preiche & son Amodia-
tion, que depuis la Vente que lui fit Anne-Marie de Duras, en consequence
de la liberté qu'elle en recouvra par la Transaction de 1700. de la partie de
Fontoi, dont on parloit il n'y a qu'un moment, & que le Baron d'Izier
avoit subtilisé aux Créanciers qui en étoient en possession, comme Gilles
Ferdinand a fait Preiche à Osbourg & la Mathelin.

De tout cela, l'on doit conclure de nouveau, que soit qu'il plaise à
Anne-Marie de Duras de se faire sortir de la Maison de son nom alliée aux
Merodes, ou qu'elle n'en soit pas, qu'elle ait eû un droit effectif sur la huitiéme partie de Preiche, ou tout au contraire; toûjours demeurera-t'il
pour constant en l'un & l'autre cas, qu'à la réserve de ce seul huitiéme, on
n'a pû *ex concessis*, la regarder en aucun tems, non plus que Gilles Ferdinand Baron d'Izier son Mari, que comme les Seigneurs Engagistes moder-
nes des sept autres, à la representation de leurs Cédans, qui l'étoient pour
le tout.

Ce principe une fois posé, c'en est un autre qu'en quelques mains qu'ait
dû passer leur possession, elle n'a pû changer ny de cause ny de nature,
par la raison que c'est encore une maxime de la Coûtume de Luxembourg,
titre 5. article 4. que ce qui est une fois engagement, est toûjours engagement; qu'ainsi de quelque part que l'Intimé puisse tenir ces sept huitiémes,
que ce soit à titre de partage, en vertu de l'abandon que fit à sa Famille
Anne-Marie de Duras de sa part dans la Communauté de Gilles Ferdinand
de Rahier par la Transaction de 1700. ou autrement, sa condition ne pouvant être meilleure que celle de ses Prédecesseurs, il faut qu'il se prête au
retrait toutes les fois qu'il se presentera des Parens de la Ligne pour réclamer, eut-il pour luy une possession plus que centenaire, parce que suivant
l'article 3. du titre 15. de la même Coûtume, on ne prescrit jamais en ce

D

genre ; tout cela gift en fait, & l'on auroit mauvaife grace de vouloir épiloguer fur des Textes auffi nets & auffi formels que ceux-là.

Pour prouver maintenant qu'à continuer de placer l'Intimé fous l'efpece favorable que l'on a bien voulu fuppofer depuis un moment, l'on ne pouroit néanmoins porter un autre jugement du huitiéme prétendu échû à Anne-Marie de Duras, du Chef des Merodes ; il ne faut que rapeller icy fimplement ce que demande la Coûtume en fait de ventes ou telles autres aliénations entre vifs, pour transferer fans retour la proprieté de la chofe alienée ; & que dit-elle en effet, qu'il faut que le tranfport s'en faffe pardevant la Juftice du Lieu, faute de quoi le Contrat ne fera tenu que pour une Engagere, c'eft l'analyfe de la difpofition de l'article premier du titre 5. confirmé plus particulierement encore pour les Biens féodaux, par les articles 2. & 3. du titre 6. avec cette difference feulement, qu'au-lieu de la Juftice du Lieu, les Rédacteurs commettent en ce cas à la réception de ce tranfport, les Seigneurs ou les Officiers de la Cour dont le Fief eft mouvans, ce qui ne peut s'entendre par raport à Preiche, que du Bailliage de Thionville où il reffortit, fuivant la déclaration qu'en fit Anne-Marie de Duras elle-même dans l'intitulé du Dénombrement qu'elle donna de cette Terre après la mort de Gilles Ferdinand fon Mari, & que l'Intimé a luy-même produit ; fur ce pied fommes-nous dans la régle, n'y fommes-nous pas ! cela dépend de l'infpection de la Tranfaction même.

Il eft vrai qu'il paroît par la fin de cet Acte, qu'enfuite d'une Conteftation ferieufe portée jufqu'au Confeil Provincial de Luxembourg, l'on crût devoir l'y faire rédiger en forme d'un Jugement d'apointé, & cela, dans la vûë de faire authorifer folemnellement par là le Sieur de Villers-aux-Tours, Frere de Gilles Ferdinand, qui n'agiffoit pas tant en fon nom, qu'en celuy de l'Intimé & de fes autres Enfans, à l'effet de pouvoir tranfiger plus folidement avec luy ; mais ce n'eft point par cette précaution étrangere à la queftion quoique judiciaire, que l'on réüffiroit à couvrir le Tranfport exigé par la Loi, le Confeil Provincial de Luxembourg n'étoit point le Tribunal dont elle demandoit l'interpofition, c'étoit à celuy de la mouvance, c'étoit au Bailliage de Thionville qu'elle réfervoit cette connoiffance ; enfin eft-il befoin de le dire, les Coûtumes font de droit étroit, il faut les remplir à la lettre, elles n'admettent ny raifonnement ny équipolence, & c'eft de cette omiffion effentielle que l'on a crû pouvoir inferer de rechef avec quelque confiance, qu'à mettre pour une derniere fois Anne-Marie de Duras au rang des Merodes, le huitiéme de la Terre de Preiche dont s'agit, ne feroit pas moins détenu par l'Intimé à titre d'engagement que tout le refte.

Comme on ne prévoit pas qu'après ces differentes explications un peu longues à la verité, mais indifpenfables, il doive refter le moindre doute fur la qualité de cette détention, on paffera volontiers à celle que peut avoir la Dame Apellante pour fe prefenter au dégagement.

On ne fçait fi lors de la chute des Branches de Zoëteren & de Salles, celle des Duras Barons de Rooft alliée à Evrard de Merodes fubfiftoit encore, on voit bien au Procés que Gerard de ce nom Epoux de Marie de Merodes, quoique mort en 1616. avoit laiffé un fils nommé Guillaume, mais l'époque de la fin de ce fils eft incertaine, & l'on fera voir en fon lieu, que la generation que lui attribuë l'Intimé, n'est ny plus solide ny mieux éclaircie.

Il n'en est pas de même de celle de Groesbeck, puisqu'il est bien prouvé que de l'ancien Baron de ce nom & d'Anne de Merodes sa femme sortirent entre autres Enfans, Ernest, Zeghert & Marguerite de Groesbeck, & que Charles Salmier Sieur de Dorine épousa Marguerite, qui lui donna pour fille Heleine-Geneviéve de Salmier, à qui l'Apellante doit la naissance.

L'on ne sçauroit donc douter qu'il n'y ait toûjours eû des héritiers de cette Maison, pour recüeillir la Terre de Preiche, soit à titre de proprieté, pour telle part & portion qui lui en avoit été dévoluë par la mort de la Dame de Zoëteren, & en vertu de l'Arrêt de Malines, soit à titre d'héritiere vrai-semblablement unique de Philippes de Salles dernier usurpateur.

Mais on l'a déja dit, les Chefs de Famille qui avoient la clef de cette affaire successivement décedés, il ne faut pas s'étonner si leur posterité dispercée çà & là, restée d'ailleurs dans une profonde ignorance de ses droits, peut-être même dans une tendre jeunesse, demeura quelque tems sans se faire entendre; vainement l'Intimé voudroit-il se prévaloir de ce silence, ce n'est point la longueur du tems, c'est le titre de sa possession qui doit decider, & nous voyons chaque jour des actions s'intenter dans cette espece, & reporter leur Cause à des sources beaucoup plus éloignées.

Quelques découvertes fortuitement faites parmy de vieux Titres, jetterent les premiers fondemens de celle-cy, des simples conjectures on passa bien-tôt aux réalités; mais comme il arrive que l'esprit humain dévance ordinairement l'effet de tout ce qu'il souhaite, l'Apellante ne fut point initiée, que sans se donner le loisir de laisser meurir ses projets, elle crût en avoir assez pour se charger du soin de venger les droits de sa Famille, & tirer des mains de l'Etranger le Patrimoine de ses Ancêtres.

L'évenement n'a que trop marqué que son principe étoit juste, mais elle manquoit des deux Piéces decisives qui fondent aujourd'huy la meilleure partie de ses consequences, elle n'avoit vû ny le Transport pris d'Osbourg le 9. Juillet 1685. ny la Transaction d'Anne-Marie de Duras avec le Sieur de Villers-aux-Touts du 20. Septembre 1700. & l'on peut bien s'imaginer qu'en cet état, elle ne pouvoit marcher qu'à tâton, si l'on peut ainsi parler, à la foible lumiere des anciens documens qui la guidoient.

C'est néanmoins dans ces circonstances qu'elle se pourvût au Bailliage de Thionville, ou l'affaire n'ayant pû recevoir tout son jour, peut-être même jugée avec quelque partialité, n'a pas eû le succés qu'on s'en étoit trop précipitament promis, mais grace au tems qui tôt ou tard fait place à la verité; nos yeux sont ouverts, les ténebres sont dissipés, & nous sommes qui plus est aux pieds de la Cour, que ne devons-nous point en esperer.

Qu'ose en effet luy demander la Dame Apellante? rien que de trés naturel & de trés legitime, rien en un mot, qui ne doive être l'objet de toute sa justice! Que l'Intimé de quelque sens qu'on veuille le considerer, simple Engagiste de Preiche, ait à s'en désister à son profit, aux offres de l'indemniser du prix de l'Engagement originaire, s'il en reste quelque chose à payer, après l'imputation préalablement faite des fruits; voilà quelles ont toûjours été ses conclusions, & si l'on s'étoit donné la peine d'y jetter les yeux, on se seroit évité celle de gloser gratuitement sur ce que tantôt dit-on, elle y tend au partage, tantôt au désistement entier de la chose, variation aussi imaginaire, que l'obstacle que l'on croit porter à ses prétentions, est frivol & mal trouvé; car enfin que lui oppose-t'on, c'est ce qu'il faut désormais examiner.

L'on n'a eû garde de s'engager dans les inductions pressantes qu'elle a tiré contre l'Intimé, soit du Transport de 1685. soit de la Transaction de 1700. elles lui ont paru sans réplique, & le silence qu'il a gardé sur ces grandes circonstances, est une preuve qu'il en a ressenti toute la force & l'énergie, mais que recherche-t'il pour en éluder l'aplication; votre systeme est dit-il incomprehensible, vous venés en désistement de toute une Terre considerable, cependant à vous regarder comme une descendante de la Maison de Merodes, vos Auteurs n'en ont jamais poursuivi que le huitiéme, qui fut ajugé par l'Arrêt de Malines de 1645. à Ernest de Groesbeck, en qualité de Curateur établi à la Succession vacante d'Anne de Merodes sa Mere; il y a même si peu d'aparence qu'en 1655. ce huitiéme eut encore apartenu à cette Maison, qu'on ne voit pas que le Baron de Rouvroi qui avoit obtenu contre elle en cette derniere année une Sentence d'immission, y ait jamais assis l'exécution de cette Sentence.

Ces petites objections que met cependant trés serieusement l'Intimé en tête de ses Ecritures, sont faciles à résoudre.

Si l'Arrêt de Malines n'alloüe à Ernest de Groesbeck qu'un huitiéme dans la Terre de Preiche, l'on en a déja donné plus d'une fois la raison, c'est qu'Anne de Merodes sa Mere, aux Biens délaissés de laquelle il avoit été créé Curateur pour l'absence de ses Freres & Sœurs, & non comme on affecte de le dire sans aucun fondement; à sa Succession vacante, n'avoit jamais eû que cette portion à prétendre dans celle d'Elisabeth premiere, de la discussion de laquelle il s'agissoit purement & simplement lors de l'intervention de cet Arrêt, mais s'ensuit-il de là que ses Enfans, n'ayent pû à sa représentation être saisis par la mort de la Dame de Zoëteren arrivée intermediairement, de deux autres huitiémes dans les six qui lui resterent après ce même Arrêt, & successivement du tout, par l'extinction des deux Branches de Salles & de Roqst, & ne diroit-on pas à en juger par la maniere dont on propose la décision de Malines, que ce Conseil en admettant les Groesbeck au partage des Biens Nobles d'Elisabeth premiere de Merodes, les eut en même tems noté d'une incapacité de succeder à l'avenir à qui que ce fut de leurs Famille,

L'idée que l'on s'est formé à l'occasion de la Sentence d'immission du Baron de Rouvroi, n'est pas moins singuliere, quand il ne seroit pas aussi vrai-semblable qu'il le paroît, que ce Baron ne manqua pas de prendre part à la direction qui se fit après la mort de Philippes de Salles, entre tous les Créanciers des trois Maisons, ce ne seroit pas assez de dire qu'il ne se mit point en possession de cette Terre, pour conclure qu'il n'en apartenoit rien aux Groesbeck, parce que rien n'avoit empêché qu'il n'en suivit une autre peut-être plus à sa bienséance, & qu'il pouvoit d'ailleurs s'être fait

qu'on

qu'on l'eut pleinement défintereffé, avant qu'il fe mit en devoir d'en venir à cette extremité.

Mais à quoi bon ce vain étalage quand on peut trancher en deux mots, & fi abftraction faite de tout ce qui peut être ou n'être pas de tout cela, l'Apellante fe prefente aujourd'huy comme l'héritiere la plus proche de la Ligne dont le Bien engagé procede.

On réplique, felon vous-même, felon votre propre Carte genéalogique, vous avez actuellement François-Fery-Charles de Pally votre Frere, vous avez des Taviers vos Neveux, manqueroient-ils de réclamer avec vous, s'ils n'étoient perfuadés de l'impuiffance de votre action, & qu'il y avoit encore il n'y a pas long-tems des Barons de Groesbeck à qui il feroit plus naturel de penfer qu'un Fief comme celui-cy fut paffé, qu'aux Femmes dont vous tirés les uns & les autres votre extraction.

L'on ne difconvient point qu'il ne foit mort depuis peu d'années des Groesbeck, on en indiqueroit même encore actuellement des vivans en un befoin, mais qu'ils ayent été, ou qu'ils foient dérivés de la Ligne des Merodes, ce qui eft le point effentiel pour leurs conferer l'habileté à lui fucceder, c'eft ce que l'on dénie avec d'autant plus de raifon, que de cinq Enfans qu'eut de Zeghert Groesbeck Anne de Merodes fille d'Evrard, il ne fe trouva que Robert de mâle, qui dut mourir dès le commencement du Siécle paffé fans generation, fi l'Arrêt de Malines refpectivement avoüé par les Parties peut faire entre elles quelque foy, puifque nous y voyons qu'il ne rapelle que Anne, Marguerite, Marie & Elifabeth fes quatre Sœurs, preuve qu'il n'étoit plus alors, fans quoi il n'eut pas manqué de prendre part à cette Contêftation comme elles, & après lui fes Enfans, (s'il en avoit laiffé,) parce qu'ils fuffent venus fuivant la Coûtume par reprefentation avec leurs Tante.

Il n'eft donc pas fi furprenant qu'on le fait, que toute la Terre de Preiche foit accruë dans ces circonftances aux feules Branches feminines, & ce motif prétendu de l'inaction des Taviers & de François-Fery-Charles de Pally ceffant, il eft encore également fenfible que cette inaction formeroit moins comme on le prétend une preuve de la défiance qu'ils auroient conçû de la demande de l'Apellante, que de l'ignorance où ils pourroient être de leurs droits, quoy qu'on ofe protefter à la Cour qu'en ce qui concerne les Taviers, il y a long-tems que l'on n'en connoit plus, & que pour ce qui eft de François-Fery-Charles de Pally, s'il ne paroît point au Procés, ce n'eft ny qu'il lui foit inconnu, ou qu'il en craigne l'évenement, mais pour des raifons de Famille dont on n'eft point comptable à l'Intimé.

Auffi laffé du peu de progrés de ces obfervations generales, & de s'écrier fans fin que l'on n'a jamais pris la qualité de Seigneur de Preiche, qualité qui ne pouvoit pas même tomber en penfée à des Defcendans qui ignoroient jufqu'aux droits qu'ils avoient fur le fond; il entre enfin dans le particulier, & femble raffembler toutes fes forces pour attaquer d'abord l'Apellante, par le défaut de qualité.

Cette difficulté la plus importante du Procés, tombe précifément fur ce qu'il lui dénie la filiation, & l'on ne fçauroit mieux y fatisfaire, qu'en confirmant de ce pas ce que l'on n'a eu jufqu'icy l'occafion que d'expofer

E

fimplement, & qui eft, que la Dame Apellante a reçu le jour d'Heleine-Geneviéve de Salmier, née de Marguerite de Groesbeck, comme celle-cy l'étoit d'Anne de Merodes, qui avoit eû pour Pere Evrard, de qui provient originairement la Terre de Preiche.

Pour juftifier la premiere de ces generations, elle a produit fon Contrat de Mariage, qui la titre de mot à mot, de Fille de Laurent de Pally Sieur de la Rouzellerie, & de Dame Heleine-Geneviéve de Salmier, & il fembloit que cette Piéce originale dût impofer filence fur cette verité, cependant elle n'a point été à l'abri de la critique de l'Intimé.

Il la fonde cette critique, fur ce que cet Acte n'étant que fous fignature privée, il ne peut faire aucun degré de preuve fuivant le fentiment de Me. Charles Dumoulin fur l'article 8. de la Coûtume de Paris, gloffe 1. *in verbo* Dénombrement, & que dit en effet, cet Auteur grave à la verité, mais qu'il ne faut point tirer de fes expreffions, les voicy, c'eft au nombre 17. de l'endroit indiqué, & l'Intimé ne les défavoüera point fans doute, puifqu'elles font extraites de fes propres Ecritures, fignifiées le 10. May dernier; *fcriptura privata, fcripta vel fubfcripta*, ab illo folo, *qui inftrumentum producit à domo fua, non poteft ullo cafu plufquam vox fua, & fic nullum penitùs judicium facit, plus dico quod me prodeffet hæredi fuo, qui à principio, ipfo jure non valuit, nec unquàm convalefcit, ficut teftimonium unius in re fua, alioquin fequerentur inconvenientia quod quis poffet fibi ipfi probationes etiam lapfu temporis fabricare.*

Tout cela eft vrai, & l'on convient avec l'Intimé qu'une écriture privée atteftée de la perfonne feule qui entreprend de s'en faire un titre, eft naturellement fufpecte, & n'opereroit pas plus que la déclaration de cette perfonne dans fa propre caufe, ainfi il n'eft pas étonnant que Dumoulin en fuppofant ce principe judicieux en tête des differentes queftions qu'il prend occafion de décider, ait frondé aux nombres fuivans, & contre les Copies collationnées qu'on produifoit de pareils Actes, & contre les Originaux mêmes; mais fommes-nous de bonne foy dans l'efpece, & peut-on méconnoître fans une affectation ridicule, que celui-cy n'ait été foufcrit, on ne dit pas feulement des deux Parties contractantes, du Pere de la Promife & du Sieur Caulier, Procureur fondé de celui du Promis, mais encore du Sieur Delrue en qualité d'Affiftant, & de Herman de Libbaye, Témoin, Valet à la verité de l'une des Parties, mais qu'aucune loy n'excluoit pour cela de porter ce genre de témoignage.

L'authorité de Me. Charles Dumoulin, loin d'éloigner dans ces circonftances la foy du Contrat de mariage de l'Apellante, ne fert donc au contraire, qu'à la raprocher d'avantage, & y mettre en quelque forte le dernier fçeau, puifque dire qu'une écriture privée, qui ne feroit fignée que de celui là feul qui l'oppofe, ne mériteroit pas plus d'attention que fa fimple parole, c'eft avoüer par une confequence naturelle, qu'il faudroit en penfer tout autrement, fi plufieurs perfonnes avoient concouru à en certifier la fincerité, fans quoi, & fi un Autheur de cette exactitude avoit eû en vûë de profcrire la preuve réfultante de tous les Actes privés comme on voudroit fauffement l'infinuer, il ne fe feroit certainement point fervi de ces termes : *Scriptura privata fcripta vel fubfcripta ab illo folo*, termes limitatifs s'il en fut jamais, & qui ne font que confirmer la régle generale, qui ne permet pas de douter, que comme il eſt vray de dire, que les engagemens ſont toûjours librés, dans leur principe, il eſt libre auſſi de leur donner telle forme que les Parties jugent le plus à propos, ſoit judiciairement & pardevant Notaire, ſoit ſous ſignature privée & dans le ſein des Familles des Parties contractantes; la premiere de ces façons de faire étant moins introduite en effet pour valider le fond d'un Acte, & lui donner une croyance qui ne dépend que de la ſouſcription des Parties, que pour y ajoûter la force de l'hypotéque, qu'ils n'ont jamais ſans ce caractere autentique.

Sur ce pied, & ſi l'on ne peut diſconvenir qu'un Contrat revêtu de ſix differentes ſignatures données il y a cinquante ans, & dans un tems à l'abri de toute ſuſpicion, ne ſoit au deſſus du cas de la déciſion de Dumoulin, & ne doive aſſurer la filiation qui s'y trouve énoncée, quelle nouvelle confiance n'y prendra-t'on point lorſque pour lever juſqu'au moindre doute, l'on y trouvera jointes trois minutes d'Actes publics paſſé par la Dame Apellante, & deffunt le Sieur de Chivot ſon mari dans les années 1698. & 1699. par la comparaiſon deſquels on reconnoîtra au premier coup que les ſignatures de ces deux Epoux apolées au bas de ces Actes ſont exactement les mêmes que celles de leur Contrat de Mariage; ce qui ne ſeroit point ſi l'inconvenient que l'on ſe fait de la facilité qu'il y auroit eu de ſe forger un titre de cette nature depuis la conteſtation, pouvoit avoir lieu; puiſque perſonne ne contrediſant que le Sieur de Chivot ne ſoit décedé comme il eſt vrai dès l'année 1703. & que cette conteſtation n'ait commencé qu'en 1728. il faudroit dans l'idée de l'Intimé ſupoſer néceſſairement que ce même Sieur de Chivot fut revenu vingt-cinq ans depuis ſa mort ſigner ſon Contrat, & concourir avec l'Apellante à cette falſification prétenduë.

Enfin quoique ce Contrat n'eut eu beſoin pour ſe ſoûtenir juſques là, que de lui-même, l'on n'a pas laiſſé que d'y attacher encore quatre Exrraits de Baptême des années 1683. 1687. 1688. & 1692. qui juſtifient que les Enfans y dénommiez, étoient Fils & Filles légitime du Sieur de Chivot & de la Dame de Pally, cependant ils n'ont pû être légitimes, qu'il n'y ait eu mariage ſolemnel entre leur Pere & Mere, & s'il y a eu mariage ſolemnel, ce mariage forme une préſomption violente qu'il a dû être precedé d'un Contrat, préſomption qui devient la verité même, par la repréſentation que l'on fait aujourd'huy de l'original de celui-cy.

Non que la Dame Apellante n'eut ſouhaitée fortifier cette preuve de l'extrait de ſa naiſſance, qui lui manque malheureuſement, quelque mouvement qu'elle ſe ſoit donnée pour le faire rechercher, & cela ſelon toutes les aparences pour avoir été ondoyée, comme il eſt aſſez d'uſage parmi la Nobleſſe dans quelque Terre dépendante des Domaines de ſes Peres, où les ruïnes du tems ou des guerres ont pû ſuprimer ou effacer les régiſtres publics qui n'étoient pas d'ailleurs fort exactement tenus dans ces années reculées, mais à deffaut de cet extrait abondamment ſupléé par les productions précedentes, elle raporte de nouveau un Acte juridique que l'on peut bien regarder comme équivalent, ſupoſé qu'elle en fût réduite là, ce qui n'eſt point à préſumer; c'eſt un Jugement émané du Conſeil de Gand le 10. Mars 1725. ſur certaines conteſtations qui étoient ſurvenuës entre Elle, Thereſe, & François-Fery-Charles de Pally; tous trois dit cet Acte, Enfans de défunt Laurent Pally leur Pere, & voici l'argument qu'elle en tire.

Si Laurent Pally est reconnu par là pour le Pere des Parties qui contestoient alors, & que l'on parvienne à prouver par l'Extrait de Baptême d'une seule de ces trois parties, qu'Heleine-Geneviéve de Salmier ait été sa Compagne, il faut avoüer que ce sera un préjugé commun, & que cet Extrait de l'un deviendra en quelque sorte celui des deux autres, sinon nominativement, au moins identifiquement, & par reflexion ; ors c'est ce qui se rencontre à souhait dans celui de François-Fery-Charles, pareillement produit, les termes en sont trop précis pour les suprimer, les voicy : *diè vigesimâ Junii 1660. suppletæ fuerunt Ceremoniæ Baptismales in Filio Nobilium conjugum Domini Laurentii Pally, Domini de la Roußellerie, Bellerive, &c. & Dominæ Helenæ-Genovefæ de Salmier, dictæ Malroy vocatum nomen ejus, Franciscus-Fercolus-Carolus, &c.*

L'Intimé réduit au pied du mur par la netteté de ses qualités, les passe sous silence, comme il lui arrive de tout ce qu'il voit qui frape au but, & pour en détourner même le sens, il recherche à ce moment une vielle querelle sur ce que l'on eût, dit-il, dû faire au moins légaliser le Jugement de Gand, comme on a fait de l'Extrait de Baptême de François-Fery-Charles de Pally.

L'on a déja remarqué ailleurs que cette formalité requise pour les Actes privés devénoit surnumeraire en fait de décision judiciaire, parce que le Juge qui légaliseroit en ce cas, ne pouvant guère être que l'un de ceux qui y auroient assisté ; cette certification de son propre ouvrage ne feroit pas plus de preuve que la chose certifiée, & dégenereroit par-là en une espece de badinage contraire à la reverence & au respect qui se doivent à l'Etat Magistral, Etat qui ne permet pas même que tout ce qui tient de son Caractere sacré puisse être susceptible des sentimens de défiance, qui sont le partage des choses ordinaires.

Mais qu'opereroit cette légalisation que ne fasse l'Intimé lui-même ; ne convient-il pas que François-Fery-Charles de Pally est le Frere de la Dame Apellante ; n'est-ce pas sur ce fondement, qu'il lui fait en plus d'un endroit de ses écritures l'objection du défaut d'accession de ce Frere au Procez, & quand on n'auroit pas le Jugement de Gand, en faudroit-il d'avantage pour autoriser la consequence par laquelle on croit avoir mis la derniere main à la la justification de ce premier degré.

Pour remplir le second, la Dame Apellante doit établir que Heleine-Geneviéve de Salmier sa Mere avoit pour la sienne, Marguerite de Groesbeck, Epouse de Charles Salmier Sieur de Dorine, & dans l'état où elle a mis sa Production à cet égard, par celle qu'elle a fait récemment d'une expédition autentique de l'Acte d'aport, autrement du portement de dot de cette Heleine-Geneviéve de Salmier, en faveur du Mariage promis entre elle & Laurent de Pally Sieur de la Rouzellerie elle tranchera bien des raisonnemens inutilement engagés de la part de l'Intimé.

Pour effectuer cette promesse, il est naturel qu'elle commence par assurer que ce portement nouvellement produit ne laisse rien à desirer du côté de la forme, il est delivré par l'Instrumentaire public, chargé du Protocol où il a été reçû, & bien legalisé par les Maires & Echevins de la Cité, c'est tout ce qu'il falloit à la rigueur pour le mettre au rang des Piéces probantes.

L'on

L'on convient cependant qu'il ne dit point de qui étoit née Heleine-Geneviéve de Salmier, & que par un autre vice de Clerc, au-lieu d'Heleine-Geneviéve, il la nomme Heleine tout court, ce qui joint à ce qu'il n'avoit parû jusques-là qu'en Copie collationnée sur une autre Copie, avoit donné lieu à l'Intimé de s'égayer en mille façons, & de suposer hardiment entre autre chose, qu'Heleine, & Heleine-Geneviéve de Salmier devoient avoir été deux personnes differentes, mais ces vaines subtilités, sont aujourd'hui plus faciles à dissiper que jamais, sans sortir de l'Acte même.

Cela dépend de deux choses, l'une de faire voir que malgré l'omission du Notaire, Heleine rapellée dans le portement, étoit la véritable Heleine-Geneviéve, l'autre qu'elle étoit la Fille de Marguerite de Groesbeck.

Qu'elle ait été la véritable Heleine-Geneviéve, peut-on en douter à la vûë de sa signature aposée au bas de ce portement, & par laquelle on reconnoît que pour rectifier l'erreur qui s'étoit glissé dans le corps de l'Acte, elle a eu soin de préceder son nom de famille d'un H. & d'un G. qui ne peuvent certainement signifier qu'Heleine Geneviéve, quoy que quand cette circonstance manqueroit, il en resulteroit deux autres qui ne seroient ny moins claires, ny moins concluantes.

La premiere, qu'elle comparoit en cette Piéce, en qualité d'Epouse future de Laurent de Pally Sieur de la Rouzellerie, & qu'en recourant à l'Extrait de Baptême de François-Fery-Charles de Pally leurs Fils, dont on raportoit presentement les termes, & à quelques autres inserés dans la même Liasse, elle est uniformement titrée dans tous, d'Heleine-Geneviéve de Salmier, & nulle part d'Heleine seulement.

La seconde induction qui tendroit à la même fin, se tire de ce que par le portement, elle est dite héritiere de Zeghert Baron de Groesbeck son Oncle, qu'elle y déclare même les droits qui lui étoient dévolus en cette qualité dans la Seigneurie de Restaigne, & le Moulin de Bellevaux contre le Sieur Baron de Rouvroy, & que par la Sentence d'immission que ce Baron prit postérieurement contre elle & les siens à ce sujet, piéce 16. de la premiere liasse de la production de l'Apellante, on continuë de la nommer comme auparavant Heleine-Geneviéve de Salmier.

Ce n'est point assez que cette Sentence acheve de mettre en évidence l'inattention de l'Instrumentaire du portement sur ce point, elle prouve encore que Marguerite Groesbeck étoit la Mere d'Heleine-Geneviéve de Salmier, il n'y a qu'à en prendre lecture, on y trouvera mot-à-mot l'établissement de cette seconde partie de la proposition de la Dame Apellante.

Enfin pour ne point abandonner ce portement, il qualifie Heleine-Geneviéve de Salmier de Chanoinesse d'Andenne, & les Lettres de sa nomination & de sa reception à cette Prébende pareillement produites, la designent comme tout le reste sous la dénomination d'Heleine-Geneviéve de Salmier, Fille de Marguerite de Groesbeck & de Charles-Salmier Sieur de Dorinne ses Pere & Mere.

Toutes les explications dans lesquelles on pourroit entrer après cela sur ce degré ne conduiroient qu'à des redites, passons au troisiéme.

Il se justifie par un raisonnement fort simple, c'est un premier fait attesté par les qualités de l'Arrêt de Malines, & dont l'Intimé n'a luy même osé disconvenir, qu'Ernest de Groesbeck étoit le Fils Aîné d'Anne de Me-

F

rode, à laquelle il est actuellement question de faire remonter Marguerite de Groesbeck, & c'en est un second également incontestable, qu'Ernest avoit pour Frere Zeghert de Groesbeck, Chanoine de Liege & Prévôt d'Huy; mal à propos feint-on de douter de celui-cy, il ne faut pour le constater, que la Sentence d'immission du Baron de Rouvroi dont on vient d'apuyer la generation précedente, & où cette qualité de Frere est expressement déterminée; ainsi plus de difficulté à oposer à cet égard, contre un aveu retenu il y a quatre-vingt ans dans un Acte judiciaire rendu avec toute une Famille qui y avoit même interêt, & qui pouvoit mieux que personne, laisser à ses Descendans ce témoignage irréprochable de la suite de leurs Ayeux.

A ces deux verités préliminaires en succede une troisiéme, qui est, que l'on ne contredira plus sans doute qu'Heleine-Geneviéve de Salmier ne fut issuë de Marguerite de Groesbeck, & que son portement ne la dise encore nettement la Niéce & l'Héritiere de Zeghert de Groesbeck, Frere à Ernest; si cela est, si la Sentence d'immission du Baron de Rouvroi, rassemble comme il est vray, confirme même de nouveau toutes ces indications, que tardons nous à conclure, que comme Heleine-Geneviéve de Salmier n'a pû être ny la Niéce ny l'Héritiere de Zeghert Groesbeck qu'à titre de Fille de Marguerite, celle-cy n'a pû réciproquement être sa Mere, sans être nécessairement la Sœur de Zeghert & d'Ernest, & par une suite naturelle la Fille, comme ils étoient les Fils d'Anne de Merode.

Cet argument paroîtra sans doute dans le genre démonstratif, & il faut croire que l'Intimé n'en avoit pas pesé la valeur lorsqu'il a traité d'un amas de présomptions, une gradation fondée sur trois des Titres de l'Instance les plus respectables & les plus autentiques.

A mesure que l'on avance, les droits de l'Apellante se dévelopent d'avantage, il n'est pas même besoin qu'elle se charge du soin de prouver le degré d'Anne de Merode à Evrard; l'Arrêt de Malines l'a prevenu, par la concurrence qu'il donne à cette derniere avec Marie, Marguerite & Elisabeth seconde ses trois Sœurs dans la Succession d'Elisabeth premiere, qui joüissoit anciennement de la contre-partie de la Terre de Preiche avec Evrard son Frere.

La filiation de la Demanderesse & l'engagement de Preiche parfaitement établis comme on l'espere, il sembloit qu'il n'y eut eû qu'à persister & finir tout de suite, mais l'Intimé qui ne sçauroit se résoudre à subir une condamnation, qui tend à le priver de la liberté d'une Campagne assez gracieuse par elle-même, & qu'il regardoit comme l'asile de ses plaisirs, n'est pas forcé de luy passer sa qualité, qu'il se donne une nouvelle torture pour la luy rendre au moins infructueuse.

Toûjours préoccupé de l'imagination qu'à la mort de la Dame de Zoëteren, les Salles aprehenderent seuls la Terre de Preiche qui faisoit partie de sa Succession; son systême est, quelle passa de leurs mains en celles de Guillaume de Duras, fils de Gerard, Epoux d'Anne de Merode, comme l'Héritier le plus proche qu'ils eussent lors de la chûte de leur Branche, & que de Guillaume elle tomba à Anne-Marie de Duras sa Fille prétenduë, & dont l'Intimé se flatte d'avoir tous les droits cedés.

Pour détruire à fond ce vain arrangement, il est essentiel de rapeller en cet endroit, comme la Dame de Zoëteren devint Propriétaire de cette Terre, moitié à titre de conftitution de dot, l'autre pour l'avoir achetée, elle & fon Mari de Henry de Salles & d'Elifabeth feconde de Merode fa Femme, à qui Elifabeth premiere leurs Tante l'avoit donnée.

La Cour a pareillement vû de quelle maniere les Barons de Groesbeck & de Rooft, aux droits d'Anne & de Marie de Merode leurs Epoufes, attaquerent cette liberalité, & fe firent remettre par l'Arrêt de Malines de 1645. un quart chacun dans la moitié d'Elifabeth premiere, revenant à un huitiéme dans le tout, & cela fondé, fur ce que par la Coûtume il n'avoit pas été licite à la Donatrice, de preferer une de fes héritieres aux autres, en fait d'un Bien noble & de Ligne.

Ce préjugé en faifoit donc un pour la Succeffion de la Dame de Zoëteren, & de cette feule obfervation il n'eft pas même concevable fans un titre manifefte du contraire, comme les Maifons de Groesbeck & de Rooft ayant été à la mort de cette Femme faifies de droit, indépendamment des deux huitiémes que leurs ajuge entre elles l'Arrêt de Malines, de quatre autres huitiémes dans les fix reftés dans la poffeffion proprietaire de la Dame de Zoëteren, celle de Salles réduite par cette raifon à deux feulement, n'eut pas laiffé cependant d'emporter le tout.

Il eft vrai qu'on s'eft travaillé à contrafter cet ordre naturel, par la reprefentation de quelques chiffons, dont on a voulu inferer qu'il falloit bien que cela eut été, puifqu'il paroiffoit que ces derniers avoient difpofé entre eux de la Terre de Preiche, dès les années 1624. & 1631. mais l'Apellante n'a pas attendu ce moment pour diffiper toute l'illufion de ces preftiges, & elle employe dans cet endroit, tout ce qu'elle a crû devoir placer dès l'entrée de fon fait, pour luy donner plus de jour & de folidité.

Quelle aparence même que la Maifon de Salles ait dû avoir la penfée que l'on lui prête aujourd'huy, fi l'on confidere qu'en 1645. elle agiffoit encore dans l'Arrêt de Malines, en qualité purement de garante de la vente qu'elle avoit fait aux Sieur & Dame de Zoëteren de la moitié de Preiche, & que ce n'eft qu'en cette qualité de garante & de donataire d'Elifabeth premiere, & nullement de Proprietaire, que Philippes de Salles qui avoit repris l'Inftance pour la mort de Henry fon Pere, fut condamné à faire raifon aux Barons de Groesbeck & de Rooft, des droits qu'ils revendiquoient fur cette donation.

Si depuis profitant des circonftances qui ont été déduites, ce même Philippe s'empara de la Terre entiére, c'eft un point qui n'eft controverfé de qui que ce foit, que toute fa race finit en 1658. dans la perfonne de Jean-Verner fon petit fils, & il en refulte clairement que quand l'ufurpation eut été pouffée jufques-là, ce que l'on ne dit point, étant impoffible, ny à l'Apellante ny à l'Intimé, de percer au jufte dans l'obfcurité de ces années reculées, encore cette ufurpation eut-elle été de trop peu de durée pour former, abftraction faite de toute autre raifon, une fin de non recevoir contre des Co-héritiers, fur tout dans la Coûtume de Luxembourg, qui porte à quarante ans, le tems néceffaire pour acquerir la prefcription.

De-là, il faut donc de rechef inferer que les droits des Groesbeck fur la Terre de Preiche n'ayant pû fouffrir jufques alors aucun déchet, ils en ont encore bien moins encouru depuis, par la joüiffance qui s'eft perpetuée d'Engagiftes en Engagiftes, puifqu'il eft de principe que ces fortes de poffeffions ne ceffent point de reclamer pour les veritables Proprietaires que la Loy a une fois faifi du fond à titre fucceffif ou autrement.

Ainfi qu'à l'extinction de la Maifon de Salles, les Rooft ayent exifté ou qu'il n'ait plus été queftion d'eux, qu'ils ayent été les plus habiles à lui fucceder comme on le pretend, ou qu'ils ne l'aient point été; c'eft une verité bien fenfible, qu'à toute extremité: ils n'euffent déja pû priver les Groesbeck des trois huitiémes qui leurs apartenoient en propre à Preiche; portion, l'on ne peut trop le repeter, qui leurs a été confervée par la nature de la joüiffance des Poffeffeurs étrangers, qui n'ont point difcontinué de tenir ce Domaine jufqu'à Gilles-Ferdinand de Rahier, qui n'ayant fait que prendre à fon tour un Tranfport pur & fimple & fous fon nom feul, de leurs droits, noms, raifons & actions, il s'eft par là placé lui même, & à fupofer même la filiation de fa Femme, dans la même categorie que fes Cedans, & n'a pû par confequent interrompre d'avantage la proprieté conftante des Groesbeck fur ces trois huitiémes.

Voyons donc par quelle raifon la Branche de Rooft eut eû fur eux la préference qu'on voudroit fauffement lui attribuer pour le refte, l'on la fonde fur ce que lors de la mort de Jean Verner le dernier des Salles, arrivée dit-on en 1658. Guillaume de Duras Baron de Rooft lui étoit plus proche d'un degré, qu'Heleine-Geneviéve de Salmier, Mere de la Dame Apellante.

C'eft une chofe étonnante, que l'on raporte une prétention du ferieux de celle-cy, à une époque auffi incertaine que l'eft celle que l'on entreprend de lui donner; non, que l'on prétende contefter que Jean-Verner de Salles ne foit decedé en 1658. mais parce qu'il n'eft nulle part conftaté que cette Terre foit parvenuë jufqu'a lui, tout ce qu'en a pû dire la Dame Apellante n'étant que par pure fupofition, & ce qui s'apelle un argument, *à fortiori*, qui ne difpenfe point l'Intimé de commencer par juftifier ce point fondamental de fon exception, par la raifon que reguliérement, *reus excipiendo fit actor.*

Mais qu'il en eft bien éloigné, & qu'il eut au contraire été facile à la Dame Apellante fi elle en avoit eû le loifir depuis l'objection, ou pour mieux dire, fi elle n'avoit aprehendée d'éloigner le Jugement de l'Inftance, de faire rechercher des preuves qu'elle n'a qu'en extrait; comme après le décès de Philippes de Salles, l'Ayeul de Jean Verner arrivé dès le 14. Janvier 1647. Anne Giltingen fa Veuve, & fes Enfans trouverent fa Succeffion fi oberée, que la premiere fut obligée de la repudier le 14. Mars fuivant, & les autres qui avoient pris le parti des Lettres de Benefice d'Inventaire deboutés de leur demande en entherinement par Jugement du 28. Novembre 1648, qui établit en confequence, Curateur à la Succeffion vacante.

Il ne faut pas même douter que ce ne fut ce qui donna lieu, premierement aux Créanciers de Salles qui s'étoient opofé à cet entherinement par des raifons qui font inconnuës à l'Apellante, & peu après à ceux de Groesbeck & de Rooft, tels qu'étoient le Baron de Rouvroy & plufieurs autres, de fe réünir pour faire mettre à Bail judiciaire tous les Biens qui apartenoient par indivis a ces differens Débiteurs, ce qui dura jufqu'en 1667. tems auquel on a déja dit quelque part que le Tranfport que firent Jean Ofbourg & Anne Mathelin, à Gille-Ferdinand de Rahier, indique qu'ils trouvérent feulement les facilitez de revenir à la charge fur Preiche.

Quoy

Quoy qu'il en puisse être, le fondement de l'objection de l'Intimé manquant au moins jusqu'à ce qu'il le redresse, par quelques marques capables d'atterer ces conjectures sensibles, que la Terre contestée n'a jamais été, possedée par Jean-Verner; il seroit d'autant plus inutile d'entâmer la question de la proximité de degré qu'il fait naître sur ce faux principe, que l'on ne reconnoît pas même icy Anne-Marie de Duras pour la Fille de Guillaume, qu'il luy plait de substituer à ce Jean-Verner, si l'on n'avoit résolu de le suivre jusques dans ses derniers recoins.

Dans cette pensée l'on continuëra donc encore de suposer pour cet instant, tout ce qu'il voudra, mais il faut reciproquement qu'il convienne, que si Guillaume de Duras reçût le jour de Marie de Merode, Anne de Merode sa Sœur entre cinq Enfans qu'elle eut de Zeghert Groesbeck, laissa particulierement Marguerite, Epouse de Charles Salmier, Ayeule de l'Appellante, Cousinne germaine de Guillaume de Duras, & par consequent en correlation de degré respectivement à Jean Verner; par quelle affectation ridicule vient-on donc passer par-dessus cette generation, pour aller chercher au dessous Heleine-Geneviéve de Salmier sa Fille, qui a dû dans l'ordre que propose l'Intimé lui-même, puiser ses esperances sur les deux huitiémes de Preiche, faisant partie de la Succession des Salles, dans celle de Marguerite de Groesbeck sa Mere, comme on dit qu'Anne-Marie de Duras les a reçû de Guillaume son Pere.

Cela seroit bon replique-t'on, si cette Femme avoit vecû lors de l'ouverture de cette Succession, mais on soûtient qu'elle étoit morte. L'Apellante le dénie, & c'est une maxime qui ne peut se méconnoitre, que c'est à celui qui prétend se servir du prédecés d'un Co-heritier, comme d'un titre pour s'aproprier son bien, à le justifier; le Glossateur sur ces mots de la Loi 5. Cod. *Soluto matrimonio, nisi dum functa sit*, le détermine de la sorte, *qui verò intentionem fundat ex morte alicujus, debet mortem probare*; il ajoûte, que c'est le sentiment de Bartole, & tous les Docteurs sont de même avis; Alciat entre les autres, *Regul.* 1. *Præsumpt.* 49. *num.* 3. insiste particulierement sur la necessité de cette preuve, & assure que la Loi n'admet pas même de présomption en ce cas; *Ubi aliquem prædecessisse est fundamentum intentionis alicujus, ad eum spectat probare, nec lex aliquid præsumit*; Mainard *Liv.* 5. *chap.* 16. suit cette opinion, & il semble que l'Intimé ne s'en soit pas aussi fort écarté, lorsqu'il a dit, que sans qu'il y fut obligé, il ne laissoit pas de trouver dans l'Instance même, des vestiges de ce prédecès.

Il les tire, de ce que entre la production de la Dame Apellante, il se trouve une copie de projet du Contrat de Mariage d'Heleine-Geneviéve de Salmier dans laquelle il est inseré, qu'elle ne seroit point tenuë des dettes de défunts ses Pere & Mere, marque ajoûte-t'on, qu'il falloit bien que Marguerite de Groesbeck sa Mere n'exista plus en 1658. tems de la mort de Jean-Verner, puis que cet Acte qui est de 1654. la mettoit dès lors au rang des personnes défuntes.

L'Apellante ignore par quel hazard son Conseil de premiere Instance a grossi son Sac, d'une Piéce qui ne vient point d'Elle, & qui lui étoit même d'autant plus indifferente, qu'elle ne paroit point avoir été jamais signée de la future Epouse qu'on y fait comparoitre, & de la reconnoissance de laquel-

G

le on voudroit néanmoins argumenter ici mal à propos ; point de doute, qu'on ne pût même en un befoin défavoüer l'Auteur de cette Production, fi la fauffeté de fon énoncé, au moins par raport à Marguerite de Groesbeck, ne fe réparoit parfaitement par une autre Piéce plus conftante & plus en regle, qui eft la Sentence d'imiffion obtenuë par le Baron de Rouvroy, qui fait encore parler cette même Marguerite Groesbeck en 1655. ce qui ne lui feroit certainement point arrivé fi elle étoit morte en 1654. n'étant pas poffible quoi qu'on en puiffe dire, que quelque anterieure qu'eut pû être la demande qui faifoit l'objet de cette Sentence, on y eut laiffé en qualité une Partie decedée, fur tout Heleine-Geneviéve fa Fille y paroiffant de fon chef, à qui il étoit des premiers élemens de faire reprendre l'Inftance au lieu & place de fa Mere, fi cette Mere elle-même n'eut été à portée d'y tenir fon coin.

L'Intimé n'eft point à reconnoître toute la force de cette contradiction ; il tente, mais en vain, d'y remedier, fous prétexte que par le Portement d'Heleine-Geneviéve de Salmiér qui eft de là même année 1654. elle fe fait forte des Parts & Portions qui lui apartenoient dans la Terre de Preiche ; Parts & Portions qui ne pouvoient cependant, dit-on, luy être échûës, que par le decés de Marguerite de Groesbeck fa Mère.

Que pouvoit-ce être dans ces tems orageux, que ces Parts & Portions, qu'un fimple droit d'attente fur un Bien qui étoit à la mercy des Créanciers des Groesbeck, des Salles & des Rooft, & que les Chefs de ces Maifons défefperans de pouvoir poffeder par eux-mêmes, fe faifoient un plaifir de mettre de leur vivant fur la tête de leurs Enfans, par tous leurs Actes de Famille, ne fut-ce que pour leurs conferver par cette précaution judicieufe, le fouvenir de réclamer toutes les fois que ces Actes leurs repafferoient fous les yeux, ou fous ceux de leurs Defcendans.

Mais continuë-t'on par ce même Portement, Heleine-Geneviéve de Salmier eft qualifiée l'Héritiere de Zeghert de Groesbeck, Chanoine de Liege & Prevôt d'Huy fon Oncle ; qualité qu'elle n'eut pû prendre, fi Marguerite Groesbeck fa Mere & Sœur de ce Zeghert, avoit encore vêcu.

Premierement, ce Portement s'explique & borne la liberalité de Zeghert en faveur de fa Niéce, à une Portion dans la Seigneurie de Reftaigne & le Moulin de Bellevaux : En fecond lieu, qui eût empêché qu'il n'eut pû leguer à cette Niéce l'univerfalité de fes Biens, *etiam vivente Matre*, puis que c'eft en droit un axiome, que la Mere & la Fille font cenfées une feule & même perfonne en ce genre, & que qui donne à l'une eft cenfé donner à l'autre.

On ne pourroit donc, à porter les chofes à l'extremité, former de tout cela que des indices très éloignez, indices non feulement reprouvés par la Loy, qui n'admet dans ces fortes de cas, qu'une preuve nette & dégagée de toute équivoque, mais encore étouffée, fi l'on peut ainfi parler, dès leur naiffance, par l'opofition de la Sentence d'immiffion du Baron de Rouvroy, qui laiffant fans difficulté, que Marguerite de Groesbeck exiftoit véritablement en 1655. la faveur de la vie pour laquelle on penche toûjours, plutôt que pour ce qui tend à fa deftruction, achevera fans peine de faire préfumer, que fi Guillaume de Duras a pû n'être point mort en 1658. rien ne défend de croire qu'il n'en ait été de même de Marguerite de Groesbeck, & tout bien pefé, il ne paroitra pas en effet d'expedient plus équitable dans le doute que pourroient laiffer des Actes qui fe contrarient, que de laiffer vivre & fucceder concurremment les deux Parties. ou les fupofant toutes deux decedées avant Jean-Verner, d'admettre au partage des deux huitiémes revenant à la Branche de Salles, Heleine-Geneviéve de Salmier Fille de Marguerite de Groesbeck, & les Enfans de Guillaume de Duras, s'il en fut jamais, avec les mêmes avantages que leur Pere & Mere, y fuffent venus s'ils avoient vécus.

Mais qui nous fait cette objection; un Etranger, un fimple Ceffionaire d'un huitiéme fur la Terre de Preiche, en vertu d'une Tranfaction dénüée des formalités prefcrites par la Coûtume, & qui ne porte d'ailleurs aucun Tranfport des actions, ny refcindantes, ny refciffoires de la Cedante, un homme enfin qui fe contente d'alleguer les droits pretendus d'une perfonne tierce, qui ne feroit pas elle-même en état de s'en prévaloir; car il faut obferver, (& cela nous conduit infenfiblement à rechercher fi jamais Anne-Marie de Duras fut réellement de la Branche alliée aux Merodes,) que Gerard qui en avoit époufé une, avoit entr'autres Freres, Jean de Duras, qui eut pour Femme une Dame de la Retulle, fuivant la Production que l'on a fait de fon Contrat de Mariage, & qu'il eft très-probable de croire que Anne-Marie de Duras, à la fuppofer de cette Famille, a pû defcendre de ce Jean, comme de Gerard, au moins jufqu'à ce qu'on ait raporté des enfeignemens capables de fixer l'incertitude où cette premiere circonftance peut laiffer juftement flotter le jugement.

L'Intimé avoit crû d'abord fauver cet embaras par l'expofition d'une Aibre de Ligne conforme à la verité, à fes interêts, mais atteftée feulement par un Héros d'Armes qu'il avoit été choifir expreffement pour cela dans le fond du Pays de Liege; dans la fuite il a prévû que la foy de ce Genéalogifte Etranger, qui avoit pû fans miracle transformer à prix d'argent un Jean en Gerard, & avoir même été le premier abufé par une fauffe exhibition, n'opereroit rien en juftice, & pour lors il eft allé mandier un Certificat de deux Barons de Rooft aparemment encore des Defcendans de Jean de Duras, ou de quelque autre Famille étrangere du même nom, au pied duquel il a fait joindre celuy d'Anne-Marie de Duras elle-même, tous deux au refte les fidels échos de fon expofé genéalogique.

Qu'une Femme comme Anne-Marie de Duras actuellement dans la décrepitude comme on en peut juger par fon Extrait de Baptême produit, qui eft de 1641. & qui a pû mêler à la foibleffe naturelle de ce grand âge un refte d'inclination pour les Neveux de défunt Gilles Ferdinand de Rahier fon Mari, fe foit laiffé aller à lâcher cette certification, il n'y a rien en cela, quoique de très-fufpect & de très-rejettable, qui ne foit neanmoins très-commun, & qu'elle n'ait en quelque forte été dans l'obligation de faire, finon pour rendre témoignage à la verité, au moins par un faux point d'honneur, & pour foûtenir jufqu'au bout l'abandon qu'elle fit par la Tranfaction de 1700. aux Enfans du Baron de Rahier de Villers-aux-Tours, d'un huitiéme dans la Terre de Preiche, fous la qualité fupofée, dans le goût de laquelle l'avoit mis Gilles Ferdinand fon Mari, d'Heritiere de la Maifon de Merodes.

Mais que les deux autres qu'aucune honte ne devoit retenir n'ayant jamais trempé dans cette manœuvre, & qui ne laiffent pas de fe donner fraichement pour les vrais Succeſſeurs de cette Maiſon, ſe fuſſent prêté ſi officieuſement & contre leur propres interêts au beſoin de l'Intimé, ſi ce qu'ils diſent par leur Certificat eut été ſincere, (que non;) c'eſt ce qui ne tombe pas ſous le ſens commun, puis qu'en ce cas il eut été bien plus naturel qu'il ſe prévaluſſent eux mêmes de leurs droits, & qu'on ne préſumera jamais qui plus eſt, que quelque accommodés qu'ils puiſſent être des dons de la fortune, ils ayent eu le cœur aſſez grand, pour ne point dire des ſentimens aſſez bas, pour mépriſer aujourd'huy un Domaine qui eut fait autrefois un des fleurons de la Couronne de leurs Pere.

L'on ne peut donc regarder en cet état leurs déclarations que comme des Actes très équivoques, & trés implicans en eux-mêmes; que ſçait-on enfin, peut-être, ſignez par des gens qui n'en ſçavoient ny le contenu ny les conſequences, ou qui pouvoient avoir eux-mêmes des vûës particulieres pour s'enter ſur une Famille étrangere à la leurs.

Au fond qu'eſt-ce que tout cela & de quel uſage peut-il être pour averer le fait dont s'agit, qui eſt qu'Anne-Marie de Duras ſoit ſortie de l'ancien Gerard de ce nom, plûtôt que de Jean, elle même dit-on & ſes deux Neveux ſe qualifient de cette origine; c'eſt préciſement par cette raiſon qu'on ne doit pas les en croire, *nemo teſtis in propria cauſa*, ſi Anne-Marie de Duras, ſi ces Neveux ſe preſentoient en perſonnes au retrait de Preiche, ſeroit-ce aſſez qu'ils aſſuraſſent qu'ils ſont de la ligne, & que la Terre leurs apartint pour en être crû, non ſans doute, & s'ils n'en donnoient des marques plus poſitives & plus convaincantes, ils ne remporteroient que la confuſion qui ſuit ordinairement une tentative inutile; ſi cela eſt, que veut-on dire avec leur certificat, & par quel aſcendant diſpenſeroient-ils un tiers de cette obligation, & feroient-ils pour autruy ce qu'ils ne pourroient faire en pareil cas pour eux mêmes.

Auſſi l'Intimé qui ſe deffie de cette production, l'accompagne-t'il en dernier lieu de quelques Actes qu'il croit corroboratifs.

L'Apellante n'entrera point dans leur détail, il lui ſuffira de remarquer en general que de ces Actes, les uns ſont ſans aplication, les autres fait à plaiſir ou ſans légaliſation, qu'aucun enfin ne détermine ſpecifiquement qu'Anne-Marie de Duras ait été la Fille de Guillaume Fils de Gerard, ce qui étoit cependant le point eſſentiel; au contraire on a ce dernier avantage que par ſon certificat nouvellement produit, elle ſe dit elle-même Anne-Marie de Duras, & qu'il n'a jamais été queſtion d'Elle que ſous cette dénomination, cependant que l'on examine le Teſtament de Guillaume de Duras, du 10. Novembre 1664. que l'on examine ſon Extrait de Baptême prétendu, qui ſont les Piéces ſur leſquelles triomphe particulierement l'Intimé, l'on verra qu'il n'y eſt parlé que d'une Anne de Duras, & nullement de l'Anne-Marie qui épouſa en 1680. Gilles Ferdinand de Rahier, qu'il commence donc par conciler lui-même cette contrarieté, en attendant on employera avec confiance tout ce qu'il a pris ſoin d'établir ſur la difference ſerieuſe qu'il faiſoit d'Heleine, & d'Heleine-Geneviéve de Salmier, avant la Production qu'il a obligé l'Apellante de faire du Portement en bonne forme de cette derniere, pour lever une difficulté qu'il regardoit comme l'écueil de la demande.

Mais laiſſons le malgré tout cela s'aplaudir de cette filiation delabrée,

que

que lui fervira-t'elle, fi fa propre Production nouvelle, c'eft le Teftament
de Guillaume de Duras Baron de Rooft, qu'il plaît à l'Intimé de donner en
même tems pour le Pere de fa Heroïne, & l'Héritiere unique de la Branche
de Salles, nous inftruit tout récemment que ce Teftateur, en leguant le 10.
Novembre 1664. fix ans depuis l'ouverture de cette Succeffion, au feul
Gerard fon Fils aîné, tout ce qui pouvoit luy être échu de Biens, tant
nobles qu'autrement, dans le Reffort de Luxembourg, y compris formellement Preiche, y détermine immédiatement après, que ce tout ne confiftoit
qu'en ce qui lui étoit provenu d'Elifabeth premiere de Merode, Dame de
Hauteville fa grande Tante.

En effet, de cette derniere obfervation il en naît deux autres, l'une qu'il
n'y auroit déja que la pofterité de ce Gerard qui pût avoir droit d'ufer du
benefice de cette difpofition ; l'autre, qu'Elifabeth premiere de Merode,
n'ayant jamais eû que la moitié de la Terre de Preiche, que l'Arrêt de
Malines diftribua en quatre Portions égales entre les quatre Filles d'Evrard
de Merode fon Frere, & cependant Guillaume de Duras raportant précifement là toutes fes efperances ; c'eft avoir reconnu bien nettement, que foit
que les Groesbeck euffent au contraire eû fur luy quelque afcendant, que
l'éloignement des tems ne permet pas de penetrer, ou qu'il eut volontaire-
ment abdiqué le refte *in favorem*, ou par la voye d'une renonciation à
l'ordinaire ; toûjours de fon propre aveu, ne s'eft-il jamais crû le maître
d'une Portion plus forte dans cette Terre, que de ce huitiéme, ce qui
rendroit la queftion de la proximité de degré dans laquelle on n'eft entré
qu'à toutes fins bien indifferente ; & acheve en tout cas de démontrer com-
bien inutilement un Etranger, s'il faut le redire fi fouvent, tel que le Baron
de Rahier, fe flatteroit d'avoir plus de privilege que n'en auroient après
cette reconnoiffance péremptoire, les Enfans de Gerard de Duras même,
quoyque Fils & Legataire univerfel de ce chef de Guillaume de Duras fon
Pere, s'il fe pouvoit qu'il s'en prefenta aujourd'huy quelques uns.

Après cela qu'il fe retranche autant qu'il le voudra dans la prefcription,
dont il fait fa derniere reffource ; cette exception que l'Empereur Juftinian
nomme à jufte titre, *iniquum juris compendium, improbam temporis allega-
tionem* ; à la parcourir d'un bout à l'autre, ne luy fera pas d'un plus grand
fecours que tout le refte.

Il prétend la faire remonter jufqu'aux 29. Janvier 1624. & 15. Juin 1631.
dattes de la Tranfaction & de l'Echange qu'il produit au Procés, pour prouver felon lui, qu'il falloit que les Heritiers de Salles fuffent dès ces années
les feuls Proprietaires de la Terre de Preiche à l'exclufion de ceux de Groesbeck, puifqu'il paroit par là qu'ils en avoient difpofé entre eux à ces deux
reprifes ; & l'on croit avoir fait voir au contraire que dans la pureté de l'ancienne Coûtume de Luxembourg, & fuivant la claufe même de reverfion
ftipulée par le Contrat de mariage de Marguerite de Merode femme au
Sieur de Zoëteren, la Succeffion noble de cette derniere ayant dû fe répar-
tir également entre les trois Maifons de Groesbeck, de Salles & de Rooft,
& rien n'ayant pû intervertir cet ordre tout enfemble, & naturel & legal ;
on ne devoit regarder en cet état cette Tranfaction & cet Echange, que
comme des Piéces fabriquées à plaifir, indignes d'ailleurs par leur forme
de toute croyance ; en un mot de la nature de celles que réprouve Dumou-

H

lin dans l'endroit de son Commentaire sur la Coûtume de Paris précedemment cité, *art.* 8. *gloss.* 1. *verb.* Dénombrement *num.* 17. où il tranche pour remettre icy les termes de cet Auteur sous les yeux de la Cour, que *Scriptura privata scripta vel subscripta,* ab illo solo, *qui instrumentum producit à domo sua,* c'est notre espece, *non potest ullo casu, plusquàm vox sua.*

Mais disons plus, & qu'à prendre droit pour un moment par ces Actes, tous suspects & irréguliers qu'ils soient, encore en résulteroit-il plus qu'il ne faut pour croiser la consequence, que l'Intimé s'en propose; la raison en est toute simple, elle se tire du rapel que fait dans l'un & l'autre la Maison de Salles, des Groesbeck & des Roost, & des differentes précautions qu'elle y insere, en cas d'éviction de la part de ceux-cy : précautions qui formans par elles-mêmes autant de reconnoissances que la totalité de la chose ne luy apartenoit pas, eussent mis dans les véritables principes un obstacle perpetuel au progrés de la prescription, par cette seule réflexion, que si dans les longues possessions l'on présume ordinairement pour la validité du titre, sur lequel on la fonde cette présomption, la possession même cessent régulierement de militer, & s'évanoüissent lorsque ce Titre vient à paroître, & qu'il nous met à portée de juger, que l'on a possedé sciemment le bien d'autruy ; d'où vient la maxime, *melius est non habere titulum, quam habere viciosum.*

Que si l'on ajoûte, que l'Arrêt de Malines fait une foy entiere, que les Groesbeck & les Salles ne discontinuerent pas d'être en litispendance sur la proprieté de la Terre en question, depuis 1612. jusqu'en 1645. qu'intervint cet Arrêt, qu'enfin les Salles croyoient alors eux-mêmes si peu en joüir propriétairement, qu'ils ne paroissent dans ce même Arrêt, qu'en qualité de garands de la vente qu'ils avoient fait aux Sieur & Dame de Zoëteren, de ce que leur en avoit donné Elisabeth premiere leur Tante ; l'on rejettera d'autant plus volontiers cette premiere partie de l'objection de l'Intimé, qu'à passer sur tout ce que l'on a dit, il n'y auroit de 1624. où l'on raporte le commencement de cette joüissance prétenduë, jusqu'au decés si l'on le veut encore de Jean-Verner le dernier des Salles, arrivé en 1658. que trente-quatre ans, au-lieu de quarante, que demande la Coûtume en fait de prescription.

Quoiqu'on eut pû s'exempter d'entrer dans ce détail, puisqu'étant une fois constant entre les Parties, que la Ligne des Salles manqua entierement en 1658. en quelque qualité, & par quelque espace de tems qu'elle eut pû tenir la Terre de Preiche, il ne demeureroit pas moins positif à la vûë du seul Testament de Guillaume de Duras du 10. Novembre 1664. abstraction faite de tout le reste, que ce Guillaume de Duras ayant luy-même borné en pleine connoissance de cause & posterieurement à la mort de tous les Salles, ses prétentions sur cette Terre au huitiéme qui fut ajugé à ses Auteurs par l'Arrêt de Malines, il ne seroit de son aveu resté que la Maison de Groesbeck habile à succeder aux sept autres, & qui en eut été revêtuë de droit par la Régle generale qui est encore particuliere à la Coûtume de Luxembourg, titre 11. article 1. le mort saisi le vif son plus prochain heritier habile à luy succeder.

Si ce fait n'est pas même désormais susceptible de contredit, l'on a encore établi dans plus d'un endroit, & quand on ne l'auroit point fait, cela se ſous entend, que les Créanciers qui ont pû joüir intermediairement, ſoit par l'effet d'une direction arrêtée entr'eux à l'extinction de la Branche des Salles, ſoit à la faveur des Sentences d'immiſſion qu'ils obtinrent à l'exemple de Jean Oſbourg & Anne Mathelin ſa femme, n'ayans pû le faire, cette joüiſſance fut-elle même plus que centenaire, qu'au nom des Propriétaires que la Loi ſaiſiſſoit du fond, il n'avoit pû courir par conſequent contre ces mêmes Propriétaires, plus de fin de non-recevoir dans ce ſecond interval que dans le premier.

Par quel privilege l'Intimé voudroit-il cependant introduire icy une exception pour lui ſeul, & quel eſt ſon titre, un partage de Famille, on veut le croire, par lequel ſes Freres lui abandonnent la Terre de Preiche, mais d'où dérive originairement cet abandon, de la Tranſaction du 20. Septembre 1700. par laquelle Anne-Marie de Duras qui s'étoit pourvûë contre la donation univerſelle qu'avoit extorqué d'Elle, Gilles-Ferdinand de Rahier ſon Mari au profit de la Famille du Sieur de Villers-aux-Tours ſon Frere, & Pere de l'Intimé, en reprenant la proprieté de tous ſes Biens de Ligne, n'excepte de cette totalité qu'un huitiéme à Preiche, qu'elle laiſſe, *pro bono pacis*, à cette même Famille avec les ſept autres qu'elle envelope un peu plus bas entre tous les Acquêts de ſa Communauté, dans une ſeule & même deſtinée.

A ſuivre cette Tranſaction, Anne-Marie de Duras étoit donc elle-même convaincuë qu'elle ne pouvoit reputer au nombre de ſes Propres que ce ſeul huitiéme, Gilles-Ferdinand ſon Mari lui avoit frayé le chemin de cet aveu dans le Procès produit, qu'il eut en 1688. & 1689. avec le nommé Schouman, au ſujet de certaines dégradations faites à Preiche, & elle avoit d'ailleurs pour modelle de la conduite dans laquelle elle étoit reſſerrée ſur ce point, le Teſtament de Guillaume de Duras ſon Pere pretendu, qui ne lui permettoit pas de porter ſes vûës plus haut.

Ainſi à lui donner place entre les Duras de Merode, & à plus forte raiſon ſi l'on oſe ſe flatter que ſa filiation eſt très équivoque, ce ſeroit tout ce que l'Intimé pourroit avoir acquis incommutablement d'elle, que ce même huitiéme, ſi la Tranſaction du 20. Septembre 1700. étoit dans les regles, mais cet Acte peche par le deffaut du Tranſport qu'exige la Coûtume en fait de ſemblables aliénations pardevant le Juſticier de la Mouvance, par l'article 2. du titre 6. de la Coûtume, & en ce cas celle-cy devenoit déja une ſimple engagere perpetuellement ſujette à retrait aux termes de l'article 1. du titre 5. & par conſequent impreſcriptible ſuivant ceux de l'article 3. du titre 15.

Si ce huitiéme, quoique provenu des Duras, n'eſt qu'une Engagere, s'il n'eſt point de poſſeſſion quelque longue qu'elle fut, qui pût en avoir acquis à l'Intimé la proprieté, que ne penſera-t'on point du reſte dont la Ligne des Groesbeck a toûjours été ſaiſie, & ne ſeroit-ce pas oublier le reſpect qu'on doit à la Cour, que de l'en entretenir plus long-tems, particulierement quand elle a ſous les yeux le Tranſport pur & ſimple, que ſurprit du tout en 1685. de Jean Oſbourg & Anne Mathelin, Gilles-Ferdinand de Rahier ſeul, & ſans la participation de ſa femme, ny qu'il y ſoit fait aucune mention de ſes droits, & qui plus eſt, l'Arrêt joint à la

Production de l'Inftance de Schouman du 21. Janvier 1689. qui préjuge en quelque forte pour l'engagement general.

Dans ces circonftances quelles font les Parties qui contestent, d'un coté une Héritiere legitime qui redemande l'héritage de fes Peres, & de l'autre un fimple Ceffionnaire des droits d'un Créancier Engagifte ; qui des deux préferera-t'on ; le choix n'eft point douteux, & comment pourroit-il l'être ? lorfque ce Ceffionnaire eft au-deffus de tout évenement, par l'indemnité qu'il ne peut manquer d'obtenir de fa Famille ; ce n'eft donc qu'une vaine opiniâtreté, un vil efprit de lucre qui l'agitent, tandis qu'il voudroit faire courir à l'Apellante le rifque de tout perdre; motifs odieux, qu'elle a défarmé cent fois, par les offres de rembourcer le prix de l'Engagement, offres fatisfactoires s'il en fut, & qui le rendent déformais fans qualité, fans interêt.

Les Conclufions font, à ce que l'Intimé ait à fe défifter au profit de l'Apellante de la Terre de Preiche, apartenances & dépendances, même des Dixmes de Mameren, au contenu du Tranfport fait à Gilles-Ferdinand de Rahier fon Oncle, le 9. Juillet 1685. par Jean Osbourg & Anne Mathelin fa femme, anciens Engagiftes du tout; aux offres de luy rembourcer tout ce qui pourra exceder du prix de l'Engagement, après le Compte des Fruits qu'il fera pareillement condamné de rendre à l'Apellante, aux termes de la Sentence d'Immiffion obtenuë par ledit Osbourg & fa Femme, & leurs Auteurs, qui portent qu'ils ne joüiront que jufqu'à rata de dû, avec dépens de Caufe Principale & d'Apel.

Monfieur FLAVIGNY DE VIGNY, Rap.

M. HUSSENOT, Avocat.

Me. MORELLE, Procureur.

TRANSPORT,

Pris par GILLES FERDINAND BARON DE RAHIER, le 9 Juillet 1685. des droits de JEAN OSBOURG & ANNE MATHELIN sa femme, Créanciers Engagiste de la Terre de Preiche, ses apartenances & dépendances, & Dîmes de Mameren.

CONNU & notoire soit à tous & un chacun, à qui ces Présentes parviendront, que cejourd'huy neuviéme de Juillet 1685. Pardevant moy Notaire soussigné Laurent de Belva, Substitut Greffier du Conseil Provincial de Luxembourg & Notaire publique, en presence des Témoins cy-bas dénommés, sont personnellement comparus le Sieur Jean Osbourg, Echevin de cette Ville de Luxembourg, & Damoiselle Elisabeth Mathelin Conjoints, lesquels nous ont dit & déclarés d'avoir cedés & transportez comme par & en vertu des Présentes ils cedent & transportent à Messire Gilles Ferdinand Baron de Rahier, Seigneur d'Izier, Pusset & Daivan, Potestat & Officier Hautain de la Principauté de Stavelot, &c. icy aussi present & acceptant certaine Obligation du 23. d'Août 1623. que les Autheurs des premiers Comparans ont eû à la charge du feu Seigneur Baron de Sales, pour la somme capitale de six mille d'Allers Luxembourgeois, avec les Arrérages écheus du jour de la datte d'icelle Obligation, affectez sur la Seigneurie de Preische, Dixmes de Mameren & autres ses appendances & dépendances, jusques à l'immission esdites Seigneuries & Biens, & ce au moyen & parmy la somme de quatre mille Pattacons, moyennant laquelle somme les premiers Comparans ont cedés & transportés audit Seigneur Baron de Rahier, ses Hoirs & ayans Cause, tous tels droits, clains, actions & prétentions qu'ils peuvent avoir en ladite Seigneurie de Preiche, Dixmes de Mameren, ses dépendances & appartenances, en vertu de Sentence de cedit Conseil du septiéme Juillet 1629. de celle de Malines du douziéme Février 1667. & des exécutorielles y relaxées le vingtiéme Août enfuivant, & de l'immiſſion y faite, comme auſſi toutes telles partes & portions que feu le Sieur Martin Mathelin & ladite Demoiſelle Eliſabeth Mathelin peuvent avoir acquis de leurs Comparçonniers & Co-héritiers à ladite ſomme capitale de ſix mille d'Allers & interêts arrierrez, juſques à la datte de cette & frais du Procés, bien entendu que ledit Seigneur Baron de Rahier fera le payement de ladite ſomme de quatre mille Pattacons en la maniere ſuivante; ſçavoir cinq cens Pattacons en deans un mois de la datte des Préſentes, comptables à Stavelot & à Liege, & trois mille & cinq cens Pattacons reſtans payables audit Lieu à la Fête de Noël prochain, qu'alors iceluy Seigneur Baron de Rahier entrera en la réelle & actuelle poſſeſ-ſion de ladite Seigneurie de Preiche, Dixmes de Mameren & dépendances & appartenances, & parmy ce tous tels Procés & differens qui pourroient être ſuſcitez & intentez entre les Parties reſpectivement comparantes & acceptantes ſeront annullez & annéantis, étant auſſi icy conditionné & reſervé que ledit Sieur Oſbourg & la Demoiſelle ſa Compagne profiteront l'Hyver prochain des Fourages, Pailles & Grains crûs pendant cette Eſté ſur ladite Seigneurie de Preiche, & qu'ils ſeront obligés de faire cultiver & enſemmer les Terres dudit Preiche l'Automne prochain au profit dudit Seigneur Baron de Rahier, lequel néanmoins fournira les Grains & Semailles, & que leſdits qua-tre mille Pattacons ſeront employez à l'acquit & extinction des dettes paſſives contractées pendant le Mariage de ladite De-moiſelle Eliſabeth Mathelin, & que ledit Seigneur Baron de Rahier profitera & tirera à leur excluſion les rentes & revenus écheans en ladite Seigneurie, dés la datte de cette, & que ledit Sr. Oſbourg & Demoiſelle Mathelin luy remettront en mains en lieu de garandiſe tous tels Titres & Documens concernans ladite Sei-gneurie & Biens en dépendans qu'ils peuvent avoir en leur pou-voir, avec l'Obligation originelle de ſix mille d'Allers & des Acqueſts qu'ils en ont fait de leurs Co-héritiers & Compar-çonniers, le tout fidelement, léalement, à quoy leſdites Parties reſpectives ſe ſoûmettant à condamnation volontaire de Meſ-ſeigneurs du Parlement de Metz, à l'entiere obſervation & entretenement de tout ce que deſſus, comme ſi ainſi fut été declaré en Jugement contradictoire, authoriſans tous Porteurs de la Préſente ou de la Copie authentique pour en demander

l'émologation, promettant de tenir bon, ferme & stable tout
ce que par eux sera agy en ce regard, sous obligation respective
de tous leurs Biens, Meubles & Immeubles, en foy & corro-
boration de tout ce que dessus, lesdits Comparans ont signé
cette en présence des Sieurs Pierre Witten, Docteur en Méde-
cine de cette Ville, & de Laurent le Jœune, Licentié en Droit
& Avocat de ce Conseil comme Témoins, au premis spéciale-
ment requis & appellez, qui ont pareillement signez quant &
moy Notaire susdit: Ainsi fait & passé à Luxembourg les jour,
mois & an que dessus, étoit signé à la Minutte originelle,
JEAN D'OSBOURG; ÉLISABETH MATHELIN; LE BARON
DE RAHIER D'IZIER; P. WITTEN; L. LE JOEUNE,
& plus bas: *In fidem ut requisitus* L. DE BELVA, *Notarius
publicus*, 1685. & encore plus bas étoit, *quod attestor* L. DE
BELVA, *Notarius publicus*. 1685.

Pour Copie authentique tirée sur celle collationnée
par feu le Sieur DE BELVA, Notaire de S. M. C. à
l'Original par luy reçû & y trouvée conforme, par moy
Notaire de S. M. I. & C. à Luxembourg, soussigné,

F. PIERRET, Notarius.

*NOUS Haut - Justicier & Eschevins de la Ville de Luxem-
bourg, Certifions à tous qu'il appartiendra, que Me. François
Pierret qui a authentiqué la Copie cy - dessus, est Notaire publique,
résident en cette Ville, & que pleine & entiere foy & croyance est
attribuée à tous Actes par luy signez en cette qualité, tant en Jugement que hors iceluy. Fait à Luxembourg ou le Papier Timbré
n'est pas en usage, le 29. Decembre 1731. sous le Scel ordinaire de
ladite Ville & la signature de notre Greffier.*

GERBER.